THE ANTHROPOLOGY OF GAMES

인간의 게임
게임의 인간

박종윤 지음

서문

놀이에서 문화, 삶의 공간으로 진화한 게임

게임은 이제 현대인의 일상 삶과 문화 속으로 들어왔습니다. 게임은 현대인이 살아가는 생태의 조건이기도 하고, 생태 그 자체로 기능하기도 합니다. 게임은 강한 융합 동력을 가지고 미래 사회의 여러 현상과 어울려 갈 것입니다.

인류는 언제부터 게임을 시작했을까요? 깊은 산속에서 도낏자루 썩는 줄 모르고 신선들의 바둑에 빠져들었던 나무꾼 옛이야기처럼, 게임은 아주 오래전부터 인류의 시간과 삶 속에 깊숙이 자리해 왔습니다. 1500년 전의 이야기 속에서도 놀이에 대한 깊은 몰입을 경계했을 만큼, 게임이 가진 흡인력은 시대를 초월하는 것이었습니다. 이는 비단 전설 속에만 존재하는 이야기가 아닙니다. 명절이면 온 가족이 둘러앉아 왁자지껄 윷놀이를 즐기고, 고요한 방에서 홀로 장기판을 마주하며 깊은 생각에 잠기던 모습은 우리 모두에게 익숙하고 따뜻한 풍경입니다.

시간이 흘러, 놀이의 무대는 흙 마당과 안방을 넘어섰습니다. 동네 오락실에서 동전을 넣어야 즐길 수 있던 게임은 어느새 가정의 텔레비전으로 넘어왔습니다. 이제 게임은 주머니 속 스마트폰을 통해 언제 어디서든 우리와 함께하고, 가상 현실(VR)이라는 새로운 세계의 문을 열며 그 영역을 무한히 확장하고 있습니다.

이러한 변화 속에서 아이들의 장래 희망 목록에 '프로게이머'와 '게임개발자', '게임 유튜버'가 당당히 이름을 올리는 것은 더 이상 낯선 일이 아닙니다. 한때 아이들의 전유물로만 여겨졌던 게임은 이제 수십조 매출의 거대 산업이 되었고, e스포츠는 국경을 넘어 수많은 관중을 열광시키는 새로운 형태의 스포츠로 자리 잡았습니다. 이처럼 게임은 단순한 오락을 넘어 우리 삶의 중요한 일부이자, 피할 수 없는 강력한 문화 양식으로 진화했습니다.

하지만 게임을 향한 시선은 여전히 양극단을 오갑니다. 세계보건기구(WHO)가 '게임 이용 장애'를 질병으로 분류하는 것을 두고 격렬한 논쟁이 벌어지는 현실은 이러한 양면성을 극명하게 보여준다고 할 수 있습니다. 누군가는 게임을 '병'이라 칭하며 중독과 사회적 고립을 우려하고, 다른 누군가는 스트레스를 효과적으로 해소하는 '약'이라고 말합니다. 부모님들은 게임에만 몰두하는 자녀를 보며 "그 집중력으로 공부했다면" 하는 아쉬움을 토로하고, 자녀들은 게임을 통해 친구들과 소통하고 현실의 무거운 짐을 잠시나마 내려놓습니다.

이 책은 바로 그 복잡하고 다층적인 지점에서 출발합니다. 게임을 둘러싼 오해와 편견의 막을 걷어내고, 인류의 진화와 함께해 온 게임의 본질을 인류학적 시선으로 탐구하고자 합니다. 수천 년 전 이집트의 보드게임 '세네트'에서부터 오늘날 전 세계를 열광시키는 e스포츠에 이르기까지, 게임이 어떻게 인류의 문화, 교육, 철학의 촉매가 되어왔는지 그 깊고 흥미로운 발자취를 따라가 봅니다.

이 책을 통해 독자 여러분이 게임을 단순한 유희가 아닌, 인간의 사고와 감정, 사회 구조를 반영하는 깊이 있는 문화적 텍스트로 이해하게 되기를 바랍니다. 게임과 함께 성장하는 자녀를 이해하고 싶은 부모님, 게임의 미래와 새로운 직업 세계에 대해 알고 싶은 청소년, 그리고 게임이 어떻게 우리 사회와 상호작용하며 진화해 왔는지 궁금한 모든 분께 이 책이 흥미로운 지적 탐험의 안내서가 되기를 희망합니다. 미래의 게임은 단순한 오락이 아닌, 하나의 '삶의 공간'이 될 것이라는 믿음 아래, 우리 곁에 가장 가까이 있는 미지의 세계, 게임의 인류학 속으로 여러분을 초대합니다.

이 책이 세상에 나오기까지 도움을 주신 많은 분께 감사의 마음을 전합니다. 언제나 저를 믿고 지지해 주신 사랑하는 부모님께 가장 먼저 깊은 사랑과 감사를 드립니다. 부족한 글의 가치를 알아봐 주시고 기꺼이 출간을 결정해 주신 '도서출판 소락원'에도 진심으로 감사드립니다.

또한 혜안이 담긴 발문(跋文)으로 책의 깊이를 더해주신 호창수 교수님과 따뜻한 추천사로 큰 힘이 되어주신 최정일 교수님, 김동호 교수님께 깊은 감사의 말씀을 올립니다. 아무쪼록 이 책이 우리 게임 문화의 미래지향 가치를 담고 바람직하게 진화하는 데에 디딤돌 역할을 하게 되기를 독자 여러분과 함께 기대합니다.

2025년 9월 초하루
방이동 서재에서
박종윤

CONTENTS

서문 놀이에서 문화, 삶의 공간으로 진화한 게임 ——— 03

추천사 디지털 경제 시대의 중심에 선 게임 / 최정일 ——— 192
　　　　미디어 이론으로 분석한 게임의 의미 / 김동호 ——— 195

제1장 게임의 기원과 삶 속의 게임 ——— 09
1. 게임의 조상들
2. 게임의 진화
3. 게임과 직업
4. 게임 소비자의 다양한 성향

제2장 게임하는 자녀들 ——— 41
1. 게임과 독서, 어떤 상관이 있나
2. 게임은 병일까 약일까
3. 게임과 스트레스
4. 자녀들의 게임, 부모의 시선

제3장 주목해야 할 게임의 기능 ——— 71
1. 게임의 분류
2. 게임과 인지발달
3. 게임과 예술
4. 게임은 커뮤니케이션이다

제4장 게임과 문화 ——— 103

1. 게임과 문화적 파급력
2. 게임과 세대 차이
3. 게임팬덤과 게임 커뮤니티
4. 게임과 검열

제5장 세계의 게임 현상과 동향 읽기 ——— 135

1. 한국_PC방과 모바일 강국이 빚은 게임의 풍경
2. 일본_콘솔 전통과 모바일, 그리고 PC의 조용한 부상
3. 중국_규제 속에서 피어난 초대형 내수와 AAA 도전
4. 북미_콘솔 프리미엄과 구독 서비스의 새로운 조합
5. 유럽_디지털 전환과 다채로운 취향의 모자이크

제6장 게임의 현재와 미래 ——— 161

1. 안정된 답습과 새로운 도전
2. 우리 게임, 어디까지 왔나
3. 게임의 수익모델
4. 게임은 영원할까

발문 호모 루덴스(Homo Ludens)를 위한 변론 / 호창수 ——— 199

제 1 장

게임의 기원과 삶 속의 게임

1. 게임의 조상들

"옛날 한 나무꾼이 도끼를 메고 깊은 산중으로 나무하러 갔다. 커다란 동굴을 발견한 나무꾼은 아무 생각 없이 굴속으로 들어갔다. 얼마쯤 가니 어떤 백발노인 둘이 놀이를 하고 있었다. 노인들은 놀이에 골몰하여 나무꾼이 옆에 있는 줄도 모르는 듯하였다. 나무꾼도 옆에서 구경하느라 시간 가는 줄을 몰랐다. 저녁때쯤 되어 날이 저물자 나무꾼은 문득 집 생각이 나서 옆에 놓았던 도끼를 찾아 보았더니 자루는 간 곳 없고 녹슨 도끼날만 덩그러니 놓여 있었다. 이상히 생각한 나무꾼이 마을로 내려오자, 마을은 예전과 상당히 달라져 있었고, 아는 사람이 하나도 없었다. 할 수 없어 한 사람을 붙잡고 자기 이름을 대며 집을 찾으니 그 사람은 깜짝 놀라며 "그분은 내 증조부로 산에 나무하러 갔다가 행방불명이 되었는데 웬일로 찾으시오"라고 되물었다."(한국민속대백과사전)

위 고사는 중국 남조 시대 제나라의 조충지(祖沖之)가 저술한 중국 고대의 이야기책 《술이기(述異記)》에 있는 고사이다. 처음 듣는 분들도 어디선가 한 번쯤 들어본 듯한 이야기로 들릴 것이다. 그렇다. '신선놀음에 도낏자루

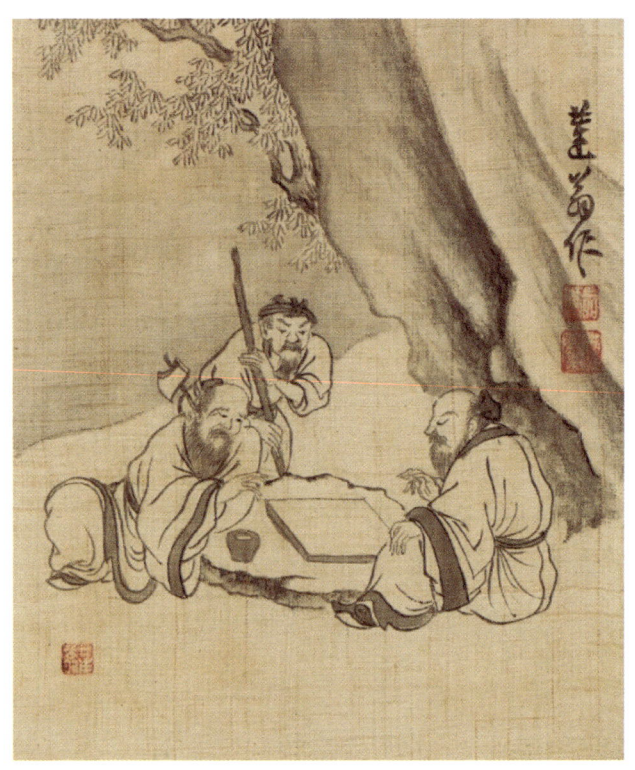

조선후기 화가 윤덕희(1685~1766)의 관기망초(觀碁忘樵). /간송미술관

썩는 줄 모른다'는 속담이 나온 기원이 바로 저 고사이다. 이 이야기에서 언급되는 두 노인과 나무꾼이 모두 몰입하게 되는 놀이(게임)가 바둑이다. 1500년 전에도 이런 경계를 했었다. 놀이 따위에 깊게 몰입하여 빠지게 되면 시간을 헛되이 쓰고 허송세월할 수도 있다는 옛사람의 시각이 담긴 이야기다. 그런 놀이(게임)도 있었던 것이다. 이렇듯 고대의 게임들은 형태나 명

칭의 변화는 있을지라도 짧게는 수백 년에서 길게는 수천 년에 걸쳐 인류의 놀이 문화로 향유되어왔다.

몰입형 놀이가 갖는 낭패의 경지를 이 설화는 이미 암시하고 있다. 오늘날 게임에 과잉 몰입하여 시간을 몰각하는 사람들의 원형적 모습이 이 설화에서 충분히 드러나 있다. 게임 몰입에 따라붙는 낭패의 경지란 것도 이미 예전부터 있었던 인간 행동의 나쁜 원형임을 깨우쳐 준다.

오늘날의 게임은 현대의 전자 기술과 함께 그냥 하늘에서 떨어진 것이 아니다. 인간이 누리고 행하는 것들은 그 나름대로 인류학적 유전자 또는 문화적 DNA를 가지고 있는 법이다. 게임을 마땅하게 여기든 마땅치 않게 여기든 이점을 이해하기로 한다면 게임에 대한 성급한 편견을 누그러뜨릴 수 있다. 게임이 만만치 않은 흐름을 가지고 이어져 온, 제법 족보 있는 그 무엇이라는 것을 눈치챌 수 있다. 즉, 게임에 대해서 이른바 '문화적 사고(cultural thinking)'를 해볼 수 있다. 다르게 말하면 게임에 대한 '인류학적 이해(anthropological understanding)'에 다가갈 수 있는 것이다.

생각해 보자. 핵가족과 1인 가정이 많이 늘어난 요즘은 다소 줄어들었지만, 저자가 어린 시절을 보낸 1980~1990년대의 명절이면 어느 집이든 비슷한 풍경이 있었다. 물론 전을 부치고 차례상 준비하고 제사를 지내는 행사도 있었지만, 남는 여유시간에 무엇을 하면서 보냈는가. 다들 경험한 바가 비슷할 것이다. 어른들은 일대일로 바둑이나 장기를 두었고, 또 한편에서는 오랜만에 모인 친척들끼리 여럿이서 아주 적은 돈을 걸어가며 화투를

쳤다. 아이들은 낮에는 밖에서 뛰어놀다 저녁에는 카드게임이나 블루마블 같은 보드게임으로 즐거운 시간을 보냈다. 설날 명절 때는 어른아이가 모두 모여 팀을 짜고 윷놀이를 하기도 하였다.

　이 모습을 가만히 떠올려 보면, 비디오게임 등이 등장하기 이전의 옛 게임(여기서는 놀이와 같은 뜻으로 쓰인다)의 흔적과 형태를 엿볼 수 있다. 그리고 왜 사람들이 이것을 즐겼는가 하는 점을 유추해 볼 수 있다. 앞에서 언급한 바둑, 장기, 화투, 카드게임, 보드게임, 윷놀이 등은 과거만이 아니라 현재에도 사람들끼리 모이면 즐겁게 행해진다. 사람이 모이지 않아 혼자라고 할지라도 온라인 게임의 형태로 이들 놀이를 손쉽게 체험해 볼 수 있다. 비록 마우스나 패널터치로 조작을 해야 하기 때문에 현실의 손맛을 느끼기는 어려울 수는 있겠지만, 언제 어디서나 기기만 있으면 게임을 하고 싶은

이집트의 '세네트' 게임. /이집트 고고학 저널 월터 크리스트

사람끼리 연결시켜 간단하게 게임을 즐길 수 있다. 그렇기 때문에 이들 전통적 게임들도 많지는 않지만 굳건한 수요를 유지하면서 수많은 게임들이 범람하는 오늘날에도 잘 버티며 생존하고 있다.

앞에서 언급한 놀이들은 그 유래와 시기는 다르지만 역사가 짧은 것은 하나도 없다. 화투는 16세기 네덜란드에서 건너온 '카르타'가 유래이고, 장기는 기원을 더듬어 올라가면 6세기 인도에서 유행한 '차투랑가'까지 올라간다. 이 차투랑가는 체스 게임의 원류로도 알려져 있다. 윷놀이는 자세한 기록은 없지만 윷놀이 용어가 고대 부여어라는 견해가 있어, 그 기원이 최소한 부여나 신라 시대쯤으로 볼 수 있다. 바둑의 경우는 기원전 2000년 전에 중국에서 시작되었다고 한다. 주사위를 던지며 노는 보드게임은 비교적

로마 시대의 주사위. /Wikimedia Commons

최근이라 생각할 수 있을지 모르겠지만, 꼭 그렇지만은 않다. 기원전 3500년 전 이집트에서는 주사위를 던져 말을 움직이는 세네트라는 보드게임이 존재하기도 하였다.

주사위가 운명의 행로를 결정하는 상징으로 쓰인 것은 아주 오래전이다. 고대 로마의 카이사르도 원로원을 진압하기 위해 명령을 어기고 군대를 이끌고 루비콘강을 건너면서 '주사위는 던져졌다'라는 유명한 말을 남겼다. 주사위 게임은 그처럼 문화적 상징을 얻어 갔다. 인생은 물론이요, 역사의 수레바퀴를 움직이는 데에 사람들은 주사위의 의미를 동원했다. 주사위는 단순한 놀이도구를 넘어서서 인간의 삶과 역사의 운명을 점치는 의미로 승격한 셈이다.

그러면 도대체 인류는 언제부터 게임을 하게 되었을까? 미국의 기업가이자 게임 디자이너인 존 라도프(Jon Radoff, 1972~)는 그의 저서인 《소셜 게임의 역사》(History of Social Games, 2010)에서 게임의 역사적 연원은 고대 인류로 거슬러 올라가며 설명한다. 그는 게임은 문화의 중요한 부분이며 인간 사회 소통의 가장 오래된 형태들 가운데 하나에 속한다고 말한다.

《호모루덴스》(Homo Ludens, 1938)의 저자인 네덜란드의 문화사학자 요한 하위징아(Johan Huizinga, 1872~1945)는 게임을 인류 문화의 주된 탄생 조건으로 논한다. 그는 언어, 법, 전쟁, 철학 및 예술과 같은 복잡한 인간 활동의 출발점에 게임이 있다고 보았다. 문화 이전에 게임이 있었으며,

동물들은 하지 않는, 인간만이 하는 것으로 게임을 지적하였다. 바로 그런 점 때문에 게임은 인류학적 탐구의 대상이다. 동시에 인류의 문화적 행위로서의 게임의 가치를 주목할 수 있다.

작은 팻말이나 기물을 일정한 판 위에서 운용함으로써 상대방을 제압하는 방식으로 승부를 내는 장기나 체스는 전쟁에 관한 인간의 대리적인 욕망을 표상한다. 윷놀이는 고대인들의 천문활동으로 하던 것이 유희 활동으로 자리 잡았다는 연구가 있다. '모 아니면 도'라는 관용어가 널리 퍼질 정도로 우리에게 친숙한 민속놀이다. 바둑도 원래는 중국의 고대 점성술의 일부였다고 한다. 그러던 것이 놀이의 영역, 즉 게임의 영역으로 들어오게 되었다는 설이 있다. 한편에서는 중국의 요임금이 우둔한 아들을 가르치기 위하여 두뇌 훈련용으로 만들었다는 설화도 함께 전해 온다. 어찌 보면 게임은 인류가 태동하면서 모여 사는 인간 활동에서 윤활유 작용을 하던, 가장 오래된 문화적 주제였는지도 모른다.

2. 게임의 진화

인간을 포함한 지구상의 수많은 존재 가운데 그냥 스스로 조용히 살아가는 존재는 없다. 자신을 둘러싼 생태 환경과 끊임없이 상호 교섭하면서 산다. 말이 '상호 교섭'이지 생태 환경의 변화에 치열하게 적응하면서 부단히 자신의 변화를 추구한다. 그렇지 않으면 멸종하기 때문이다. 그래서 마침내 변화하고 또 변화한다. 이것을 진화라고 한다. 이런 관점으로 대상을 보는 것을 생태론적 관점이라 한다.

그런데 꼭 생물만 진화하는 것은 아니다. 인간이 만든 기술이나 발명품 등도 진화한다. 자기 존재를 도태되지 않고 유지하기 위해 자의적이든 타의든 변화를 거듭한다면 이 역시 진화라고 할 수 있다. 심지어 요즘은 사회적 제도나 풍속도 진화의 관점에서 연구하고 평가한다. 게임도 마찬가지이다. 게임은 태동한지 수십 년밖에 되지 않았지만, 그런 의미에서는 많은 진화를 거듭해 왔다.

게임의 진화는 과거와 현재를 아우르는 시간 흐름 속에서 다양한 기술적 변화를 꾀하기도 하고, 문화적 생태와 잘 맞물리면서 이루어져 왔다. 물론 많은 변화가 게임의 진화 프로세스에 녹아들어 있기도 하다. 게임의 진화는 곧 게임의 역사를 설명할 수 있는 숨은 기제를 제공한다. 게임은 어떻게 진화를 해왔을까. 결과적 변화보다는 그것을 불러온 대중의 동기나 생태 환경을 함께 볼 수 있도록 해야 할 것이다.

게임 산업의 시작은 1970년대 초반까지 거슬러 올라간다. 당시 게임은 주로 우리가 동네 오락실에서 동전을 넣고 하던 기계로 기억하는 아케이드 기기에서 접할 수 있었으며, 이를 통해 게임이 대중적으로 유행하기 시작했다. 가장 유명한 초기 게임 중 하나인 '퐁(Pong)'은 1972년에 출시되었으며, 게임 산업의 시작을 알린 기념비적인 작품이었다. 퐁은 간단한 탁구 시뮬레이션 게임으로, 실제 물리학에서의 탁구 게임을 컴퓨터로 구현한 것이다. 오늘날의 기준으로 보면 매우 단순한 게임이다. 하지만 당시에는 대단

상업용 게임의 시대를 연 '퐁'. /아타리사 홈페이지

한 기술적 성과였고, 아케이드 게임이 대중문화 일부로 자리 잡는 계기가 되었다.

1970년대 후반부터는 가정용 게임기의 출현이 시작되었다. 1977년에 출시된 '아타리 2600'은 가정에서 비디오 게임을 즐길 수 있는 최초의 콘솔이었다. 이를 통해 게임은 사람들의 집으로 들어갔고, 사람들을 TV 화면을 통해 게임을 즐길 수 있게 되었다. 1980년대 초반에는 아케이드에서 유행하던 게임들이 가정용 콘솔로도 이식되기도 하였다. 이 시기의 게임들은 지금에 비하면 매우 단순하였다. 그래픽도 단조로웠으며, 주로 점수 경쟁이나 단순한 레벨 클리어(LEVEL Clear : 스테이지를 클리어하면 다음 스테이지가 나오는 방식) 목표 정도만이 존재하였다.

1980년대에는 2D 그래픽과 한국에서는 도트 그래픽으로 더 많이 알려진 픽셀 아트(Pixel art)로 대표되는 게임의 기술적 발전이 이루어졌다. 게임 그래픽은 점점 정교해졌고, 이 시기의 대표적인 게임들로는 '팩맨', '갤러그', '스페이스 인베이더' 등이 있다. 이러한 게임들은 쏘고 피하고 점프하는 등의 매우 단순한 메커니즘을 갖고 있었지만, 중독성이 강하고 많은 사람에게 즐거움을 주었다. 닌텐도(Nintendo)와 같은 주요 게임 회사들은 독특한 캐릭터들을 만들어 내어 게임의 몰입감을 높이는 데 성공하였다. 1985년에 출시된 '슈퍼 마리오 브라더스'는 그 대표적인 예로, 마리오라는 캐릭터는 단순한 픽셀 아트로 시작했지만, 이후 게임 역사에서 가장 유명한 캐릭터로 거듭나게 되었다.

1990년대는 게임 기술이 급격히 발전한 시기였다. 특히 3D 그래픽과 온라인 멀티플레이어의 등장으로 게임은 새로운 차원의 경험을 이용자들에게 선사하였다. 1990년대 초반에는 3D 그래픽의 도입을 통해 게임의 시각적 요소와 몰입감을 획기적으로 발전시켰다. 1993년 나온 'DOOM'은 그 시기의 대표적인 게임으로, 3D 환경에서 일인칭 슈팅을 구현한 게임이다. 이 시기의 게임들은 당시의 기술로 가능한 최고 수준의 그래픽을 자랑하며, 게임의 세계가 점차 현실과 비슷해지기 시작했다. 1996년에는 더욱 발전된 3D 그래픽과 네트워크 기능을 결합한 'QUAKE'가 나왔다. 3D 그래픽의 발전은 게임의 시각적 현실감을 크게 높였으며, 플레이어들에게 더욱 몰입감 있는 세계로 끌어들이는 힘이 되었다.

게임의 발전뿐만 아니라 게임을 구동하는 기기인 플랫폼의 발전 역시 함

3D와 1인칭 슈팅의 시작을 알린 'DOOM'. /공식 홈페이지

께 이루어졌다. 1990년대 중반, 소니 플레이스테이션(PS1), 세가 세턴, 닌텐도 64와 같은 콘솔 게임기들이 등장하였다. 이 시기의 게임들은 과거와는 달리 이제 더 이상 단순한 점수 경쟁이나 레벨 클리어만을 목표 잡지 않았다. '드래곤퀘스트', '메탈 기어 솔리드'와 같은 게임들은 복잡한 스토리와 다양한 게임 메커니즘을 통해 게임을 더욱 심도 있는 콘텐츠로 진화시켜 나갔다.

1990년대 후반부터는 인터넷의 확산과 함께 온라인 멀티플레이어 게임이 등장하기 시작했다. '스타크래프트'와 같은 실시간 전략 게임(RTS)이나 '디아블로' 같은 롤플레잉 게임은 온라인 모드로 다른 플레이어와 대결할 수 있게 만들어졌다. 이는 게임의 경쟁 요소를 강화하며, 전 세계적으로 게임

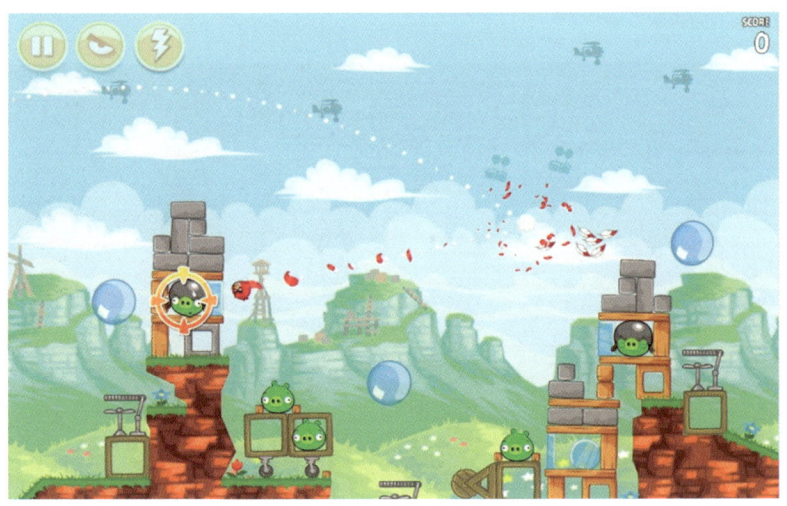

스마트폰에서 새로운 게임시장을 개척한 '앵그리버드'. /공식 홈페이지

커뮤니티의 형성을 촉진하기도 하였다.

  2000년대 후반부터 현재까지 게임은 기술적 진보와 함께 게임의 구조와 게임 소비의 패턴도 다양화되었다. 이렇게 된 데에는 무엇보다도 디지털 기술 생태가 현저히 달라졌다. 고해상도 그래픽, 가상 현실(VR), 모바일 게임 등 새로운 기술들이 게임 산업에 영향을 주었다. 당연히 게임을 수용하고 향유하는 패턴도 달라지고, 무엇보다도 게임을 소통하거나 게임을 매개로 한 소통의 양상이 현저하게 변화하였다. 게임이 문화의 한 양상으로 진화하는 데에 이르게 되었다. 게임 산업의 규모도 달라졌다. 게임 산업이 기술 융합적인 면모를 띠게 되는 것도 게임 진화의 한 양상이라 할 수 있다.

  먼저 2000년대에 들어서던 시점을 주목해 보자. 이 무렵 게임의 진화는 더욱 정교해진 고해상도 그래픽의 출현과 지원에서 찾을 수 있다. 이것이 게임 사용자의 감각적 만족도를 높이게 되는데, 이를 통해 사용자들이 느끼는 게임의 현실감은 한층 높아졌다. 스포츠 게임의 경우는 마치 현장 스타디움과 현역 선수들을 직접 만나는 듯한 리얼 감각을 보장해 준다. 고해상도 그래픽에서 시작된 변화이지만 이것이 몰고 오는 변화의 파장은 게임 진화의 프로세스를 보여준다. 게임의 스토리를 더욱 현실적으로 또는 더욱 환상적으로 구축하게 하는 것이다. 오늘날 출시되는 대형 게임들은 현실과 거의 구별이 되지 않을 정도의 그래픽을 구현하며, 게임의 시각적 품질을 한 단계 끌어올리는 데 성공하였다. 넓고 다양한 엔터테인먼트(또는 쉼)의 생태계에서 게임이 살아남기 위한 변화의 몸부림이 곧 게임의 진화임을 알 수 있다.

2000년대 후반부터는 스마트폰의 보급과 함께 모바일 게임의 인기가 급격히 올라갔다. 스마트폰은 인간 삶의 생태를 전 세계적 차원에서 바꾸게 하였다. 인류가 이전까지 유지하던 소통의 생태를 혁명적으로 개변하게 하였다. 이런 기술 및 소통 생태가 변하는데 게임의 진화가 없을 수 없다. '앵그리 버드'(2009)나 '캔디 크러시 사가'(2012)는 누구나 쉽게 접할 수 있는 캐주얼 게임을 표방하며, 전 세계적으로 수억 명의 사용자를 확보하였다. 모바일 게임은 간편한 휴대성 덕분에 언제 어디서든 즐길 수 있는 특성을 게임에 부가하였다. 게임의 존재 방식과 소비 방식 자체가 달라지기 시작했다. 또한 모바일 게임의 등장은 게임 개발의 비용을 크게 절감시킬 수 있는 가능성을 열어주기도 하였다. 게임의 보편화, 게임의 대중화가 빠르게 촉진되었다. 게임은 전문 TV 채널을 가지며 사회·문화적 장르로서 제도화되었다. 놀라운 진화의 모습이다.

2010년대 후반에는 메타버스라는 키워드로 대표되는 가상 현실(VR)과 증강 현실(AR) 게임이 등장했다. VR 헤드셋을 통해 플레이어를 가상 세계로 완전히 몰입시켰다. '포켓몬 GO'는 현실 세계와 가상 세계를 결합하는 증강 현실이라는 새로운 형태의 게임을 선보였다.

게임의 진화는 기술적 발전뿐만 아니라, 그에 따른 사회적, 문화적 변화를 반영한 과정이기도 하다. 1970년대의 간단한 아케이드 게임에서 시작하여, 3D 그래픽, 온라인 멀티플레이어, VR, 모바일 게임 등 다양한 기술적 혁신을 거쳐 현재는 글로벌 산업으로 게임은 성장해 왔다. 게임은 이제 그 자체로 문화와 사회에 중요한 영향을 미치는 필수 불가결한 존재가 되었다. 앞으로도 게임은 기술과 사회의 변화에 따라 계속해서 진화할 것이다.

중요한 것은 이러한 진화를 게임 내부의 변화로만 읽으려는 좁은 시야를 벗어나는 데 있다. 게임의 진화와 높은 상관성을 가지는 교육, 미디어, 산업, 군사, 노동, 복지, 육아, 문화, 청소년 등의 생태계를 함께 볼 수 있는 안목이 발전해야 할 것이다. 게임 분야만의 진화는 없다. 바람직한 진화는 공진화(共進化)일 수밖에 없기 때문이다. 그런 점에서 넓은 시야와 다학제적(Multidisciplinary) 식견을 갖춘 게임 담론의 발전이 절실히 필요하다.

3. 게임과 띡업

게임이 직업이 될 수 있는가? 얼마 전까지만 해도 회의적으로 들리는 말이었다. 그런데 직업의 개념이 변하고 있다. 아니, 직업의 생태가 빠르게 변하고 있다. 게임을 기반으로 하는 직업 세계는 어떻게 생성되고 얼마나 변이를 보일 것인가.

온 세계가 지식정보 사회로 넘어오면서 직업에 대한 인식은 질적으로 달라졌다. 생애 동안 한 가지 일에 종사하며, 먹고 살기 위한 생업(生業)으로 매달렸던 직업, 그것은 과거의 '직업'이었다. 오늘의 젊은이들에게 그런 직업은 없다. 오늘의 직업은 변동 가능성을 특징으로 한다. 자기가 좋아하는 새 직업을 찾아 익숙했던 것과 헤어져 기꺼이 지구촌 곳곳으로 떠난다. 세계는 이러한 '직업 디아스포라'가 증가한다.

게임은 세계성을 띤다. 게임 콘텐츠가 이야기(narrative) 중심으로 되어 있고, 인류는 이야기를 부담 없이 공유하기 때문이다. 게임은 세계 어디서나 장벽 없이 활동(avtivity)으로 향유(enjoyment)되고 경험으로 소통된다. 그리고, 재화(goods)로 생산되고 소비된다. 이 모두가 게임이 살아 움직이는 동선(moving line)이다. 게임과 직업은 이 동선을 중심으로 생겨나고 변전할 것이다.

그리고 미래 개인은 단일 직업으로만 살아가지 않을 것이다. 불가피하게 복수의 직업을 맞이하는 생태를 향할 것이다. 즉, 개인의 역량과 관심 방향에 따라 두 개 이상의 직업을 추구하는 경향도 뚜렷해질 것이다. 이런 직업 생태는 게임의 직업화를 도울 것이다. 전문가들은 향후 수십 년 내로 현재 직업 중 과반수 이상이라 사라지거나 변화하리라 본다. 올해 내내 뜨거운 화두가 된 인공지능의 발전 및 적용으로 인하여 이러한 양상은 더더욱 가속화될 전망이다. 이러한 직업 생태의 변화에 게임은 직업의 영역으로 얼마나 깊숙이 들어올 수 있을까?

한 세대 전만 해도 게임 관련 종사자들은 눈뜨고 찾아보기가 힘들었다. 대부분 게임은 해외에서 만들어진 수입품이었고 이용층은 대부분 어린아이이었기 때문이다. 게임이 직업으로 건너오게 되는 족보를 따져 보자. 1990년대 초만 해도 게임이 정말 좋아 한번 만들어 보자고, 동아리 형태에서 시작한 몇몇 안 되는 개발자들이 있을 뿐이었다. 그리고 인터넷과 커뮤니티 등의 매체가 변변치 못하던 시절, 게임 깨는 법을 알려주던 거의 유일한 오아시스였던 게임잡지 제작진이 게임 관련 직업의 전부였다.

그로부터 30년 정도의 세월이 흐른 뒤에 게임은 수십조 매출의 산업이 되어 많은 일자리를 창출한다. 그리고 아이들의 진로 희망서에 '게임개발자', '게임 유튜버', '프로게이머' 등의 직업이 적혀 올라오는 것이 전혀 이상하지 않은 일이 되었다. 게임으로 인한 직업 영역이 생겨날 수 있는 여지를 갖게 된 것이다. 문제는 게임이라는 상품을 생산하여 판매하는, 이를테면 제조업 차원에서의 일자리를 만들어 내는 데에 그친다는 점이다. 직업으로서의 확장성이 약하다는 지적을 하지 않을 수 없다.

게임에 관련된 직업은 크게 두 가지 측면으로 나누어 볼 수가 있다. 하나는 게임 그 자체를 만드는 쪽의 직업, 나머지 하나는 그 게임을 활용하여 다른 직업 가치를 창출해 내는 쪽이다. 먼저 만드는 쪽의 이야기를 해보자.

사실 게임은 매우 여러 가지 요소가 복합적으로 들어가 있는 문화콘텐츠이다. 이용자들의 시각을 자극할 영상이 필요하고 청각을 자극할 효과음과 음악이 필요하다. 영화와는 달리 배우 역할을 해줄 캐릭터도 만들어야 한다. 사람들이 플레이하고 재미를 느끼며 보상을 제공해 줄 수 있는 게임적 구조도 만들어야 한다.

모든 게임이 그런 것은 아니지만 서사를 부여하기 위한 이야기도 필요하다. 제작 사양이 높지 않고 전문성이 드러나지 않던 옛날에는 소수 인원만으로 게임 제작이 가능했지만, 각 분야에서 요구되는 수준이 높아졌다. 분업화가 선택이 아니라 필수화가 되어버린 작금의 상황에서는 기업이 프로젝트를 수행하듯이 프로젝트 매니저를 두고 팀별로 나누어 업무를 수행하며 게임을 제작한다. 물론 1인이나 소수 개발자로 만들어지는 게임들은 아직도 존재하지만, 한계가 있어 인디게임에 머무르는 경우가 많다.

이렇듯 게임 제작의 전문화된 영역과 프로세스에 따라 게임 제작 분야 직종의 분화와 확장은 충분히 예견될 수 있다. 여기에는 물론 게임이 가지는 가치가 단순한 소비적 즐김을 넘어서 소통의 측면, 교육의 측면, 미학의 측면, 훈련의 측면 등으로 진화한다면, 게임과 연관된 직업 세계의 진화도 당연히 확충될 것이다.

이와 같은 전제를 중심으로 나타날 게임 관련 직업의 종류를 세분화시키면 끝이 없기에, 여기서는 현재 상태에서 나타나는 게임 제작 관련 직업의 내용을 간단하게 설명해 본다. 독자분들께서는 이들 직업이 게임 생태와 직업 생태의 미래 변화 구도에서 어떻게 분화 발전할 수 있을지를 염두에 두면서 합리적 추리와 상상력을 발휘해 보기 바란다.

첫째는 게임 기획자(Game Designer)가 있다. 게임 기획자는 게임의 기본 아이디어와 콘셉트를 구상하고 설계하는 직업이다. 기획 목적이 무엇인지에 따라 그 직능이 분화되고 확장될 수 있다. 게임 기획자는 스토리 작가를 겸직하는 예도 많다. 물론 스토리 작가는 게임 스토리의 다변화에 따라 독자적 직업으로 발전할 수도 있고, 그렇지 못할 수도 있다.

둘째는 게임 프로그래머(Game Programmer)가 있다. 게임을 실제로 구현하는 기술을 감당하고, 새로운 구현 기술을 개발하는 역할까지도 맡을 수 있다. 게임 프로그래머의 직업 전문성은 프로그래밍 기술이 AI 등 다른 최신 테크놀로지와 부단히 융합하는 차원을 열어나가는 데서 확보될 수 있다.

셋째는 게임 아티스트(Game Artist)이다. 게임의 시각적 요소를 담당한다. 캐릭터, 배경, 아이템 같은 게임의 비주얼과 스타일을 결정하는 역할을 한다. 게임의 구조와 작용에서 미적 효과를 살리고, 게임의 예술적 자질을 높인다. 게임도 설계의 미학을 갖는다는 점에서 앞으로 그 전문성이 조명받을 수 있는 직종으로 본다.

넷째는 사운드 디자이너(Sound Designer)이다. 게임 내의 배경음악, 효과음, 음성 등을 비롯하여 게임 내 모든 음향을 제작하고 관리하는 역할을 한다. 영화 제작에서 오디오 맨(Audio Man)의 역할에 비견할 수 있다. 이 분야가 게임 기획자의 스텝에 머물지 않고, 독자적 전문성을 가지려면, 기술이 정교하게 이론화되어야 할 것이다.

다섯째는 게임의 품질 보증 검사자(Quality Assurance Tester)이다. 게임이 정상적으로 작동하는지 테스트하고, 오류나 버그를 발견하여 보고하는 역할을 한다. 많은 경험을 누적하고 그것을 종합화하여 자신의 직업 전문성으로 체계화하는 노력이 필수적이다. 그만큼 게임 개발의 현장성이 중시되는 역할이다.

다음으로는 게임을 활용하여 부가가치를 창조해 내는 직업들을 보기로 하자. 대표적 직업으로 프로리그를 뛰며 연봉과 상금을 받는 '프로게이머'가 있다. 그리고 인터넷 방송에서 게임을 주 콘텐츠로 잡아 방송하는 '게임 스트리머' 등이 있다.

이들 직업의 본질에 대해 논하기 위해 옛날이야기를 하나 해보려 한다. 저자가 어린 시절을 보낸 1990년대에는 게임을 접할 수 있는 장소로는 오락실이 있었고, 게임기가 있는 집이 있었다. 그 양쪽에서 한창 인기가 많았던 게임 타입 중 하나가 '횡 스크롤 액션 게임'이다. 캐릭터를 조작하여 가로 혹은 세로로 이동하면서 적을 해치우고 보스를 물리치면 클리어되어 다음

스테이지로 넘어가는 방식이다. 게임을 잘 모르는 분들은 '슈퍼 마리오' 게임을 연상하시면 될 듯하다.

끊임없이 아이들 돈을 꺼내게 만들어야 하는 오락실 게임은 그렇다 치고, 그 무렵에는 가정용 게임마저도 지금에 비하면 이용자 친화적인 면이 매우 부족하였다. 지금은 난이도를 차등 적용한다든지, 무한 도전 등의 기회를 주어서 초심자라도 어떻게든 끝을 볼 수 있게 해준다. 그런데 그 무렵의 게임은 '깰 수 있는 놈만 도전해서 깨봐라' 하는 식이었다. 모든 게임이 하나같이 높은 난도에 정해진 횟수를 넘으면 '게임 오버'가 되었다. 그러니까 실력이 되지 않으면 게임 후반부를 볼 수조차도 없었다. 저자도 게임은 매우 좋아하는 편이었지만 실력이 열정만큼 따라가지 못하여 중반부도 넘어서지 못하는 게임들이 많았다. 그런 저자에게 있어 게임 후반부나 최종 엔딩 장면은 구경조차 할 수 없었다. 게임잡지 공략에서나 관람할 수 있었던 환상 속의 콘텐츠였다.

그런데 세상사가 다 그렇듯이 세상의 평균치를 크게 상회하는 고수들이 군데군데 있기 마련이고, 게임 분야도 예외는 아니었다. 오락실에서 내가 천원을 넣어도 중간 부분도 가지 못하는 게임을 고작 200원 넣고 마지막 스테이지까지 플레이하던 사람이 있었다. 같은 동네에는 당시 우리 또래 중 아무도 클리어하지 못한 게임을 공략집도 보지 않고 신들린 플레이로 엔딩까지 보는 친구가 있었다. 그런 사람들이 게임을 하고 있으면 그 게임을 경험해 본 다른 사람들이 신기해하며 몰려들어 구경한다. 오락실에선 처음

2~3명이 구경하다 나중엔 10명 가까이가 둘러싸듯이 구경한다. 친구 집에 모여서 고수의 플레이를 보던 아이들은 입을 다물지 못하고 감탄사를 연발한다. 비록 직접 플레이는 할 수 없었더라도 보는 것 자체가 하나의 훌륭한 눈요깃감이자 탁월한 대리만족이었다.

단순히 보는 것으로 끝나지 않는다. 그 장면을 본 관객들은 멋진 플레이에 관하여 이야기를 나눈다. 그 실력을 동경하며 어떻게 하면 자신들도 그렇게 될 수 있을지를 탐구하고 연습한다. 자신의 실력 부족에 좌절하며 한번 꺼졌던 해당 게임에 대한 흥미가 이 숨은 고수들의 플레이를 보면서 살아난다. 비록 그 숨은 고수들이 프로는 아니었지만, 비록 우리가 따로 그들에게 관람료를 내지도 않았지만, 저자는 이것이 '프로게이머'라는 직업의 원시적인 형태라고 생각한다. 많은 사람이 그를 주목하고 환호하고 동경하는

세계에서 가장 유명한 게임대회인 'LoL 월드 챔피언십'. /라이엇 게임즈

그 심리적 호응을 이제는 제도적 직업 체제로 만들고, 미디어가 중개하며, 그런 호응 자체를 자본으로 바꾼다. 물론 이런 다수의 호응 공간에 상업 광고도 끼어들게 한다.

프로게이머가 '경기-대회-우승'으로 귀결되는 극한의 실력주의를 토대로 한다면 '게임 스트리머'는 게이머끼리의 소통과 커뮤니티성을 그들의 직업 무대로 삼는다고 할 수 있다. 스트리머는 꼭 게임을 잘해야만 할 수 있는 것은 아니다. 오히려 우스꽝스러운 플레이나 시청자와의 절묘한 소통, 때로는 게임을 클리어하지 못해 좌절하면서도 깰 때까지 근성 있게 도전하는 모습 자체가 더 인기를 끌기도 한다. 친구들끼리 한자리에 모여 앉아 오순도순하게 하지 않는 이상 실시간으로 또 다른 누군가와 게임에 대한 공감대를 형성하며 소속감을 느끼게 하기는 쉽지 않다. 프로게이머가 게임 이용자들의 이상향을 보여준다면, 스트리머는 내가 게임 상황에서 처할 수도 있는 현실 사태를 게임 대중에게 보여줌으로써 같은 게임 취향을 공유하는 사람들끼리의 유대감을 형성시키게 하는 것이다.

새로운 기술이 게임의 생태를 바꾼다. 과거 프로게이머나 게임 스트리머 같은 직업이 생길 거라고는 상상도 못 했던 것처럼, 미래에는 또 어떤 새로운 직업이 생겨날지 아무도 모른다. 좀 더 고도화된 가상 세계나 인공지능의 등장으로 게임 생태계에도 큰 지각변동이 일어날 것이다. 그리고 게임과 다른 분야와의 다양한 융합 등으로 이어진다면, 지금은 상상도 못 하는 게임 관련 직업들이 우리를 기다릴 것이다.

4. 게임 소비자의 다양한 성향

인간의 소비 행위에 투영되는 인간의 심리는 말할 수 없이 다양하다. 그 심리는 반드시 합리적이기만 한 것은 아니다. 먹고 입고 자는 기본 욕구를 넘어서는 소비에는 우월의 심리도 끼어든다. '게임 소비자'라는 말에서 게임을 소비한다는 표현을 추리해 보면, 많은 의미가 깔려 있다. 게임은 그 어떤 욕구와 관련되어 있다. 게임은 재미를 사는 혹은 느끼기 위해 소비되는 그 어떤 상품이다.

요즘은 각종 미디어, 특히 SNS의 발달로 정보가 넘쳐나기 때문에 아이들의 자기 집의 부유함을 나타낼 수 있는 아이템이나 수단이 많다. 하지만, 한 세대 전만 해도 그렇지는 않았다. 지금은 길거리에 흔히 볼 수 있는 외제 자동차이지만, 그 무렵에는 학교 전체로 놓고 봐도 외제 차 있는 집 아이들이 참 드물었다. 명품 옷은 아예 명품 옷 자체를 서로 몰라서 그걸로 급이 나누어질 일도 없었다.

그런 시절이었다. 그런데도 말이다. 몸에 지니고 다니거나 집에 보유하고 있으면 친구들의 부러움을 사는 것 세 가지가 있었다. 첫 번째는 '나이키 에어신발', 두 번째는 수입산 블록인 '레고 모형', 세 번째는 '게임기'였다. 이 세 가지 물건은 공통점이 있다. 첫째는 그 물건 딱 하나만 산다고 끝이 아니라는 것이다. 온갖 바리에이션(variation, 변형)이 있어서, 하나를 사는 순간부터가 진정한 놀이의 시작이라는 점이다. 둘째는 부모님이 사주지 않으면, 구하기 어렵다. 다르게 말하면 아이가 용돈이나 세뱃돈 등을 모아 사기엔 불가능할 정도로 가격이 높았다는 것이다. 게임에만 한정해서 이야기한다면, 게임기의 게임팩 하나가 4만 원에서 9만 원 정도 하던 것으로 기억한다. 30년 전, 지금과는 국민소득도 물가도 달랐을 때의 가격임을 주목할 일이다. 그때의 자장면 한 그릇이 1,500~2,000원 사이였다. 물론 그때와 지금을 그냥 수평적으로 비교할 수는 없다. 하지만 아이에게 게임팩 하나 사주려면 4인 가족이 외식을 4번 할 수 있을 만한 돈을 지불해야 했다.

오늘날에는 취미 중에서 제일 싸게 먹히는 게 게임이란 말도 있지만, 저 당시 게임기는 매우 비싼 '장난감'이었다. 그러다 보니 게임기를 가지고 있는 아이는 적었고 게임팩을 다수 소유하고 있는 아이는 더 적었다. 아이들의 세계에서는 부러운 소비가 될 수밖에 없었다.

1990년대 대표적 게임기 '페미컴'. /닌텐도 홈페이지

게임만이 가지는 소비의 특징도 있다. 그것은 바로 소비의 연속성이다. 놀이로서 게임을 소비하는 그 성질은 변하지 않고 쭉 이어진다는 것이다. 게임과 유사한 놀이 기능을 갖는 신발이든 레고든 다른 장난감 등을 게임과 비교해 보자. 이들은 아이들이 어렸을 때는 유희의 수단이었다가 그들이 어른이 되면 수집의 영역으로 이동하는 경우는 있다. 그러나 어른이 된 현재까지 유희의 수단이 되는 경우는 거의 없다.

게임의 경우는 종류만 바뀌었을 뿐 어릴 때 즐기던 마음 그대로 어른이 되어도 즐기는 경우가 많다. 물론 현실의 생업이나 흥미 저하 등으로 게임에서 멀어지는 케이스도 있다. 하지만 아직도 30~40대의 80% 이상이 게임을 놀이와 취미로서 즐기고 있다. 다른 관점에서 놓고 본다면 게임 이용자들은 게임을 할 때는 순수하게 재미를 추구하던 아이였을 시절의 마음으로 돌아간다고 볼 수 있는 것이다. 이렇게 보면 게임은 어린 시절 좋았던 추억을 다시금 되새김질하는 통로라고도 볼 수 있다.

게임의 이런 특성으로 인해 게임 소비자들은 한 가지 성향이 아닌, 매우 다양한 성향을 띠게 된다. 게임을 구매하거나 게임 내에서 결제를 시도할 때 '다양한 나'를 체험한다. 냉철한 성인으로서의 내가 있는가 하면 '즐거움을 찾는 어린 나' 또는 '추억을 느끼고 싶어 하는 나' 등이 다양하게 등장하는 것이다.

우리가 일반 물건이나 서비스를 구매하는 상황을 생각해 보자. 필요한 것이 정해지게 되면 인터넷과 디지털 플랫폼 혹은 입소문을 통해 다양한 리뷰(review), 사용자 평가, 유튜브 콘텐츠를 거쳐 구매 대상에 관한 정보를 사전에 알아볼 것이다. 그리고 이렇게 얻어진 다양한 정보를 조합하여 해당 가격을 지불할 충분한 가치가 있는지를 판단한 다음에 그것을 구매할 것이다. 자신이 생각한 가치보다 높은 가격이 책정되어 있으면, 할인 행사를 기다리거나, 아니면 중고 거래로 최대한 경제적인 선택을 하려고 할 것이다. 반대로 당장 필요치 않더라도 본인이 생각한 가치보다 가격이 낮게 잡혀있는 경우는 미래를 생각하며 구매해 두기도 한다.

이는 게임을 구매할 때도 그대로 적용되는 편이다. 게임에 관한 정보가 없을 때는 이것이 어떠한 게임인지 어떠한 즐거움을 제공할 수 있는지 끊임없이 정보를 수집한다. 게임 유저 역시 구매를 결정할 때는 게임 가격 대비 플레이 시간, 콘텐츠 양, 리플레이 가치 등을 계산한다. 게임의 경우 파격적

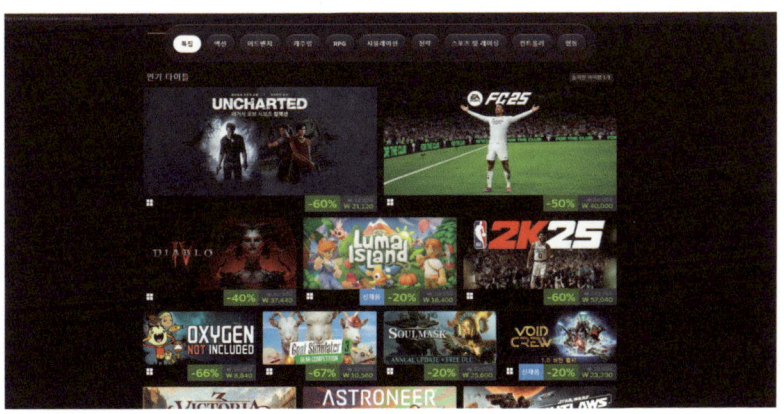

수시로 할인 이벤트가 열리는 스팀. /스팀 홈페이지

인 할인 행사를 자주 하는 편인데 이럴 때 언젠가는 하겠지 하면서 싼 맛에 게임을 구매해 놓고서는 플레이하지 않는 게임이 수십 개가 넘어가는 유저도 있다.

여기까지는 똑같은 일반적인 소비 행태라 할 수 있다. 그렇다면 이와 다른 소비 행태는 어떤 것일까? 뉴스에 어떤 온라인 게임에 관한 내용이 나온다. 어떤 사람이 이 게임에 수천만 원을 투자하였는데, 주변에 100만 원을 쓴 사람이랑 아무 차이도 없다는 내용이 나온다.

어떤 게임을 플레이하는 유저가 있는데, 그는 그 게임의 문제점, 고쳐야 할 점 등에 대한 비판과 비난을 끝없이 한다. 그러면서도 그들은 아직도 그 게임을 하고 있다. 모르는 사람이 보면 분명히 의문을 품을 것이다. '아니, 저럴 정도면 그 게임을 하지 않는 게 마음이 편하지 않나'라고 말이다. 여기에는 애정 그리고 인정욕구가 크게 작용한다.

첫 번째 이유인 애정은 어디서부터 생기는 걸까. 게임은 내가 캐릭터의 움직임과 조건 및 환경 등을 조작하고 작동한다. 그리고 그 결과에도 내가 관여함으로써 나는 게임 서사에 연결되어 있다. 게임에 대해 이해가 깊지 않으면 환불도 되지 않는 단순한 가상 데이터로 볼 수 있을지도 모르겠으나, 유저 입장에서는 그 하나하나가 본인의 시간과 노력, 재화와 정성이 들어간 애착의 덩어리가 되기도 한다. 반려동물이 나이가 들어 예전같이 못하다고 쉽게 내칠 수 없듯이, 정도는 다를지라도 비슷한 심리를 게임 내에 투영하는 유저들도 많다.

어릴 때 재미있게 즐겁게 즐겼던 게임이 있다. 많은 세월이 흐른 뒤 이 게임의 후속작이 나왔는데 너무 품질이 낮은 게임으로 나왔다. 이때 가장 많은 공감을 받은 평가 중 하나를 소개해 본다. '어릴 때의 첫사랑을 서울역 노숙자 쉼터에서 만난 느낌'으로 표현한 것이 바로 그것이다.

두 번째로 게임에서 비합리적으로 보이는 소비를 하는 데는 인간의 심리적 욕구 중 하나인 인정욕구(need for recognition)가 깊게 자리 잡고 있다. 이는 게임이라는 매체가 단순한 오락을 넘어 사회적 연결과 자아실현의 수단으로도 기능하기 때문이다. 이런 사례는 사람이 동시에 많이 플레이하고 얽히는 온라인 게임에서 좀 더 쉽게 찾아볼 수 있다.

같은 게임을 플레이하는 동료들과의 유대감을 쌓고 커뮤니티 내에서 인정받는 욕구, 게임 속 업적과 자아실현을 통해 현실에서 부족한 성취감을 보완하는 것, 가상공간에서의 부와 사양을 드러내어 주위의 인정을 받는 심리적 보상 등 게임이 만족시켜 주는 심리적 욕구는 다양하게 있다.

따라서 심리적으로 보면, 게임을 그만둔다는 것은 지금까지 이루어 놓은 것들을 하룻밤 사이에 물거품으로 만드는 일이기도 하다. 게임에 투자한 비용이 이미 매몰 비용이 되었으면서도 쉽게 내려놓지 못하고, 침몰하는 타이태닉처럼 마지막까지 붙들게 되는 이유 역시 이러한 부분이 매우 크다. 실제로 게임의 운영이나 정책 등이 맘에 안 들어서 그만두게 되는 사람들은 후련한 느낌보다는 상당한 스트레스를 받으며 그만두는 경우가 많다. 차후 같은 회사에서 나오는 게임은 두 번 다시 하지 않겠다고 하는 일도 있다.

매몰 비용의 대표적인 도박을 보여주는 영화 '타짜'. /싸이더스

　이렇듯 게임의 구매나 게임 내에서의 소비는 단순히 물리적 상품의 소비가 아니라 개인의 심리나 욕구와 상당히 밀접하게 연계되어 있다. 물론 이러한 사실이 게임에서의 무분별한 소비를 정당화하거나, 뽑기로 대표되는 확률성 아이템을 정당화할 수 있는 것은 아니다. 그러나 모든 개선의 시작은 근본적인 원인이 무엇인지 이해하는 데에서 시작한다. 게임과 관련한 소비를 마냥 이해가 안 가는 영역으로 치부할 것이 아니라, 한 번쯤 관점을 바꾸어 보면 어떨까.

제2장

게임하는 자녀들

1. 게임과 독서, 어떤 상관이 있나

"우리 아이가 게임만 해요. 게임 중독이 아닐까요?", "우리 아이는 게임 할때 너무 몰입을 해요. 그 집중력을 독서나 공부에 돌릴 수만 있다면…", "어떻게 하면 아이가 게임에서 멀어지고 책을 가까이 할까요?", "뭐가 좋다고 저렇게 빠져있는지 이해를 못하겠어요. 공부를 저렇게 하면 서울대를 갈 텐데…."

게임 혹은 독서 관련으로 강연이나 토의할 때 청자 중 학부모들이 있으면 어김없이 튀어나오는 질문들이다. 아이가 남자아이라면 확률은 100%라고 단언해도 좋을 정도다. 직접 손을 들고 질문하시는 분이 있는가 하면 따로 조용히 물어보시는 분도 계신다. 진지하게 고민 상담을 해오는 분이 계신가 하면 한탄의 감정을 섞어 넋두리를 해오는 분도 계신다. 질문에 대응을 해드리면서도 마음 한구석에 피어나는 쓴웃음을 지울 수가 없다. 이유는 간단하다. 우리 어머니도 게임에 빠졌던 저자 때문에 30여 년 전부터 끊임없이 제기하신 질문이었고, 아직도 이것에 대한 명쾌한 해답을 찾아내지 못하셨기 때문이다. 예나 지금이나 게임이라는 존재는 어머니들의 육아에 있어서 크나큰 장벽으로 존재하는 것 같다.

이런 류의 이야기가 나올 때마다 항상 들었던 의문은 '왜 하필 독서와 게임인가' 하는 것이다. 두 가지를 다 하는 입장으로서 보면 공통점보다 대체 불가능한 차이점이 커보이기 때문이다. 그럼에도 불구하고 두 가지는 왜 항상 동일 선상에 놓이고는 하는 것일까? 그 이유를 실제로 우리들이 즐기는 취미의 분포에서 찾아보았다.

한국갤럽에서 2024년에 조사한 한국인이 즐겨하는 취미에서 10대 남자의 44%가, 20대 남자의 30%가 취미로 게임을 꼽았으며 이는 다른 취미들에 비해 독보적인 점유율이다. 나머지 취미들은 대부분 운동들로 전부 외부에서 이루어진다. 상위 5개 취미 중 실내에서 이뤄지는 것은 게임과 독서 2가지 밖에 없는 것이다. 아이들을 지켜보게 되는 실내에서의 취미가 딱 2가지다 보니 시간만 보내고 공부에 방해만 되는 게임보다는 독서 쪽으로 취향을 맞추었으면 하는 부모님들의 희망이 강하게 나타난 것이라 볼 수 있겠다.

그렇다면 게임과 독서의 차이점은 무엇일까? 가장 결정적인 차이점은 독서는 문자에 집중하지만, 게임은 영상과 이미지에 집중한다. 예를 들어 '판다는 포유류다'라는 문장이 있다고 치자. 독서라면 '판'과 '다'라는 글자가 만들어지는 과정, 두 글자가 합쳐졌을 때 '눈 주위와 팔다리가 검고 나머지는 흰 동물'의 의미가 부여되는 것 과정, 똑같이 포유류라는 글자의 생성과 '새끼를 낳고 젖을 먹이는 동물'이라는 의미 파악의 과정, 이 모든 것을 거치고 난 후에야 해당 문장을 인지하고 학습했다고 할 수 있다. 그에 비해 게임은 간단하다. 판다의 사진을 보여주고 새끼들 젖을 먹이는 영상 하나만 보여 주면 그걸로 끝이다.

한국인이 즐겨하는 취미 (출처 : 한국갤럽)

		즐겨하는 취미 : 성/연령별 5위권											
		13~18세		19~29세		30대		40대		50대		60대 이상	
남성	게임	44%	게임	30%	게임	22%	게임	14%	낚시	15%	등산	17%
	축구	19%	운동·헬스	9%	운동·헬스	13%	운동·헬스	10%	등산	14%	바둑	12%
	운동·헬스	7%	독서	9%	축구	7%	골프	10%	골프	9%	낚시	9%
	독서	4%	축구	6%	골프	7%	낚시	8%	운동·헬스	7%	걷기	7%
	농구	4%	여행	4%	음악감상	5%	등산	8%	영상시청	6%	영상시청	6%
여성	음악감상	14%	음악감상	12%	운동·헬스	12%	걷기	10%	운동·헬스	9%	걷기	13%
	게임	13%	독서	11%	독서	7%	영상시청	9%	등산	9%	영상시청	11%
	영상시청	12%	운동·헬스	9%	음악감상	7%	요리	7%	여행	8%	뜨개질	6%
	독서	10%	영화감상	9%	요가	7%	운동·헬스	6%	음악감상	7%	등산	5%
	그림	7%	여행	5%	여행	6%	등산	5%	원예	6%	원예	5%

2024년 3월 22일 ~ 4월 5일 전국(제주 제외) 만 13세 이상 1,777명 면접조사(CAPI), 한국갤럽 www.gallup.co.kr

　　뇌의 활용 측면으로 넘어가 보자. 게임은 시각적 자극과 청각적 자극을 많이 받을 수밖에 없으므로 측두엽(청각)과 후두엽(시각)을 주로 사용하게 된다. 독서는 글자를 인지하고 이미지를 스스로 상상해 내야 하므로 전두엽을 포함한 뇌 전체를 사용하는 경우가 많다. 그만큼 독서할 때는 많은 사고와 피로도를 요구하게 된다. 시각적, 청각적 신호에만 주의를 기울이면 비교적 편하게 임할 수 있는 게임은 취미적인 측면에선 독서보다도 TV 시청에 훨씬 가깝다고 할 수 있을 것이다.

　　앞장에서 고대의 게임들에 대해 다루면서 게임의 시초에 관한 이야기를 했었다. 게임의 본질은 유희에서 온 것이라면 독서도 과연 그럴까. 다음은 아버지가 아들에게 보낸 어떤 편지의 내용이다.

"도대체 왜 학교를 안 가고 빈둥거리고 있느냐? 제발 철 좀 들어라. 왜 수업이 끝나면 집으로 오지 않고 밖을 배회하느냐? 수업이 끝나면 집으로 바로 오거라. 내가 다른 아이들처럼 땔감을 잘라오게 하였느냐? 내가 다른 아이들처럼 쟁기질을 하게하고 나를 부양하라고 하였느냐? 도대체 왜 글공부를 하지 않는 것이냐? 글을 열심히 배워야 아비의 직업을 물려받을 수 있다. 모름지기 모든 기예 중 최고의 기예는 글을 아는 것이다. 글을 알아야만 지식을 받고 지식을 전해줄 수 있는 것이다."

위 내용이 적힌 시대는 근현대사의 한국도, 수백 년 전의 조선시대도 아니다. 기원전 1700년 전의 수메르 점토판의 나온 내용이다. 3700년 전이나 지금이나 공부에 힘쓰지 않는 자식들을 보는 부모님의 심정은 한결같은 것 같다.

기원전 2270년 수메르 아카드 제국의 점토판. /대영박물관 홈페이지

인쇄술이 발달하고 정보가 넘쳐나는 현대에는 독서가 취미로 분류되지만, 본디 독서의 본질은 지식 전달과 지식 창출의 수단이었다. 위의 편지 내용에서도 나오듯이 근대화 이전에는 글과 책이 유일한 기록매체로 이를 통해 부와 권력을 세습하거나 신분 상승이 가능하였다. 독서라는 행위가 글의 배움이라는 공부의 형태로 시작된 것인데 이미 아이들에게는 학업이란 이름의 제일 우선시 되는 공부가 존재한다. 태어날 때부터 독서 취향을 가진 경우가 아니면 흥미 순위가 뒤로 밀릴 수밖에 없는 구조이다.

반면 게임은 모든 것이 지극히 흥미와 재미 위주로 돌아간다. 사람은 일만 하는 동물이 아니라 여가와 휴식이 필요하고 이러한 시간을 사용하여 스트레스를 풀고 싶어 한다. 그리고 스트레스를 풀게 하는데 있어 게임은 가장 간단하고 확실한 길을 제시할 때가 많다. 게임을 하는 가장 큰 이유는 재

'검은 신화: 오공'. /공식 홈페이지

미가 있어서 이고, 하던 게임을 안 하게 되는 가장 큰 이유는 재미가 없어서 이다. 게임도 다 똑같은 게임이 아니고 종류와 숫자가 무궁무진하게 있어 다양한 개개인의 취향 수요에 다 대응이 된다.

예전에는 아이들을 게임에서 독서 쪽으로 끌어들이기 위해 게임과 비슷하게 보상시스템을 실시한다거나, 흥미를 유발시킨다거나 하는 방안들이 많이 시도되었으나 제대로 자리 잡고 성공한 예는 없다. 어떻게 보면 당연한 결과이다. 보상, 재미, 흥미 등은 게임이 사람을 끌어 들이는데 있어 가장 중요한 요소이자 제일 탁월하게 발전한 요소이기도 하다. 싸움에서 이기겠다고 칼싸움의 달인을 상대로 칼을 들고 나갔으니 원하는 결과를 얻기가 어려움은 자명한 이치라고도 볼 수 있다.

관점을 바꾸어 독서와 게임 이 두 가지를 동일선상에 놓지 말고 각각의 장단점과 역할이 있음을 인정하는 것이 선행되어야 하지 않을까? 게임에서 독서 만큼의 유익함을 얻기가 어렵듯이 독서에서 게임이 주는 재미를 찾는 것 역시 쉽지 않다. 캐주얼 게임이란 말은 있어도 캐주얼 독서라는 말은 없듯이 몰입에 투자되는 노력의 양도 결코 같지는 않다. 게임 과몰입을 막기 위해서는 대화와 소통이 제일 중요하다. 지금부터라도 게임을 '해도 되는' 이유와 독서를 '해야만 하는' 이유에 대하여 서로들 대화를 나누어 보면 어떨까 한다.

게임과 독서는 얼핏 보면 물과 기름 같은 관계처럼 보일 수도 있지만 서로 시너지를 낼 때도 있다. 삼국지 게임이나 최근 2,000만 장을 넘게 팔아

치운 '검은 신화: 오공'처럼 삼국지, 서유기 등의 문학작품이 원전이 되어 게임이 되는 경우도 있고 반대로 게임을 먼저 접해보고 반한 팬들이 책을 찾아 보는 경우도 있다. 게임과 독서가 각자의 방식으로 우리들의 인생의 좋은 영향을 주는 밑거름이 되기를 바란다.

2. 게임은 병일까 약일까

게임을 병이라고 하든 약이라고 하든, 승복하지 않을 사람들이 각각 많다는 데서 게임의 사회적 존재가 점차 강하게 부상한다. 게임의 존재 가치를 두고 나타나는 일종의 양극화 현상이라 할 수 있다. 저자가 어린 시절에 게임을 좋아하면서 어른들에게 가장 많이 들은 이야기는 '그거 병이다'라는 말이었다. 바깥에서 또래들과 함께 뛰어노는 것보다 게임을 좋아해서 붙들고 있는 시간이 많았기에 보수적 어른들에게는 그렇게 보였을 수도 있겠다. 어린 마음에 항변도 해보고 게임의 긍정적 효과를 말해보았으나 사실 잘 먹히지는 않았다. 그 시절의 어린이들이던 게임 사용자 세대가 성인 세대로 성장하면서 게임의 효용에 대한 목소리를 더 높이기 시작했다. '병이다'와 '약이다' 사이의 대립은 이제 어른과 아이의 말다툼이 아닌 더 큰 사회·문화적 차원의 담론이 되어 뜨거운 화두로 오르고 있다.

게임에 관한 논의가 이렇게까지 사회·문화적 차원으로 확장된 이유는 게임이 현대인의 삶에서 중요한 위치를 차지하게 되었기 때문이다. 다르게 말하면, 현대인을 둘러싼 생태(生態) 환경이 되었기 때문이다. 과거에는 단순한 오락 수단으로 여겨졌던 게임이 이제는 교육, 치료, 문화, 그리고 스포츠까지 다양한 영역에서 활용되며 우리의 생활에 깊숙이 스며들었다. 하지만 게임에 대한 시각은 여전히 양극화되어 있다. 한편으로는 게임이 중독과 사회적 고립을 초래하는 질병으로 비판받고, 다른 한편으로는 스트레스 해소, 학습 효과 증진, 창의력 개발 등 다양한 긍정적 효과를 제공하는 약으로 찬사를 받는다.

KBS 시사 프로그램 〈더 보다〉는 '보이는 것 이면의 본질을 추구하는 시사 다큐멘터리'이다. 2024년 12월 방송한 36회분의 타이틀은 '게임중독, 질병인가?'이다. 어찌 보면 이 주제는 낡고 진부한 것이기도 하다. 그 옛날 비디오 게임이라는 존재가 등장한 이후로 긴 세월 동안 수없이 논쟁 주제로 다루어져 왔다. 그럼에도 불구하고 KBS가 지금의 시점에서 게임 문제를 시사적 이슈로 다시 다루게 된 데에는 주목할 만한 배경이 있다.

우리나라는 KCD(한국표준질병·사인분류/ Korean Standard

2024년부터 적용되는 ICD-11. /WHO 홈페이지

Classification of Diseases)라는 체계를 운영하고 있는데, 이 KCD의 10차 개정안인 KCD-10의 초안이 2026년 초에 정해지기 때문이다. 이 초안에 '게임 이용 장애'를 질병코드로 넣느냐 마느냐에 대한 여론전이 물밑에서 치열하게 진행된다고 볼 수 있다. 이런 배경에서 KBS가 이 문제의 이면을 다루어 본 것이라 할 수 있겠다.

좀 더 설명을 보태어 보자. 세계보건기구인 WHO에서 발표하는 국제질병분류기호(ICD/ International Statistical Classification of Diseasea)가 있다. 이 ICD에 게임중독을 질병코드로 등록시킬 것이라는 논의가 있었다. 반대론자들은 게임 이용 장애 자체가 근거가 없는 것이라 주장하면서 여기저기에서 거센 반발이 일어났다. 질병으로서의 근거 기준이 약하기 때문에 등록 가능성이 크지 않다고 여기기도 하였다. 하지만 2019년 5월 25

게임 질병코드 국내 도입 공청회 자료집.

일부로 게임중독을 질병 코드로 포함시킨 제11차 국제질병표준분류기준(ICD)안이 세계보건기구(WHO) 총회에서 만장일치로 통과되었다.

이렇게 되자 국내에서 게임중독을 질병이라 봐야 한다는 찬성 측의 주장이 세를 얻었다. 찬성론자들은 WHO에서 기준을 제시했으니 한국도 이에 따라가는 것이 옳다는 점을 가장 중요한 논거로 내세웠다. 그런데 이 기준을 통과시키고 300일 뒤 전 세계가 코로나 감염으로 몸살을 앓게 되었다. 그러자 코로나 예방법 중 하나로 본인들이 질병코드로 분류한 게임 사용을 권유하는 웃지 못할 사태가 있었다. 병과 약의 사이를 오가는 게임의 존재가 아이러니컬하게 드러나는 장면이다.

세계보건기구(WHO)가 공식 지정한 게임 장애는 다음과 같은 특징을 가진다. 첫째, 게임 사용에 관한 개인 통제력이 상실된다. 둘째, 게임으로 인해 다른 일상생활의 흥미가 과도하게 감소한다. 셋째, 부정적 영향이 들어옴에도 게임을 지속한다. 이러한 특징들을 근거로 게임 장애는 개인의 학업, 직업, 대인 관계에 심각한 영향을 미칠 수 있다고 논하고 있다.

이 외에도 신체적인 문제나 사회적·심리적 문제도 있을 수 있다. 컴퓨터나 콘솔 앞에 오래 앉아 있으면 운동 부족, 근골격계 질환, 그리고 비만과 같은 문제가 발생할 수 있다. 과도한 게임 몰입으로 인해 시력 저하, 수면 장애, 그리고 불규칙한 식습관 등이 생길 수도 있다. 게임에 지나치게 몰입하면 사회적 상호작용이 감소하고, 이는 사회적 고립과 외로움을 초래할 수 있다는 주장도 있다. 특히 온라인 게임은 가상의 세계에서만 관계를 형성하게 하여 현실 세계의 관계 형성을 방해할 수 있다.

다만 좀 더 용어 정의적인 측면으로 들어가 보면 '게임중독'이라는 용어는 지금도 과학계나 심리학계에서는 그 실재가 병리적으로 명확히 증명이 되지 않은 상태로, 존재 자체가 허구인 쪽에 더 가깝다. 여기까지 읽다 보면 이런 생각이 들 것이다. '게임중독은 실제로 있고 주위에서 그 사례를 보기도 쉬운데'라고 생각하시는 독자분도 있을 것이다. '중독'이라는 용어의 정의를 주목해 보자. '중독'은 본인 의지와 상관없이 그것에 대한 의존도가 과도해지는 증상을 의미하는데, 게임은 반드시 그렇지는 않다. 게임은 계속하다가 보면 반드시 질리게 되는 장면을 만난다. 이는 거의 필연적이다.

다른 부류의 중독과 비교해 보자. 가장 대표적인 중독으로 언급되는 알코올 중독이나 마약 중독, 도박 중독 등은 하면 할수록 내성이 생기기 때문에 비슷한 자극을 얻기 위해서는 무조건 강도가 올라갈 수밖에 없다. 당연

질병코드 등재에 반대하는 게임 회사 포스터. /네오위즈·엔시소프트 SNS

한 이야기지만 알코올이나 마약 중독이었다가 이제 더 이상 하는 것이 질려서 끊었다는 사례 역시 보고된 바가 없다. 반면 게임의 경우 앞서 언급된 게임 불감증이 있는 것만으로도 중독과는 거리가 멀다고 하는 게 반증이 될 수 있다.

저자의 주변을 봐도 그렇다. 학창 시절 다들 게임을 즐기며, 누가 봐도 많은 시간을 게임을 사용하던 친구들도 있었다. 하지만 세월이 지나면서 자연스럽게 다들 게임 시간을 줄이거나 끊게 되었고, 계속해서 하는 사람들 역시 게임 때문에 일상의 생활이 파탄 나지 않고 균형을 유지해 가며 즐기고 있다. 물론 게임에 빠져 모든 것이 망가져 버리는 극단적인 예가 없는 것은 아니다. 그러나 이 경우는 게임 외적 병인이 그 사람에게 따로 있을 수 있다. 그것이 게임 사용이라는 기제에 편승해서 중독으로 보이는 증상을 불러올 수 있다. 이 점은 앞으로도 계속 연구가 필요한 영역으로 본다. 또 사용자 개인의 과몰입 문제를 일반화시켜 '중독'이라 칭한다면 게임뿐만 아니라 다른 것들도 중독의 멍에를 벗어나기는 힘들 것이다. 그래서 게임업계나 사용자 측에서는 '게임중독'이라는 표현 대신 '게임 과몰입'이라는 말을 사용한다.

그럼 긍정적인 측면은 어떠한 것이 있을까. 역시 가장 크게 꼽을 수 있는 것은 스트레스 해소와 정서적 안정이다. 게임은 스트레스 해소에 효과적인 도구가 될 수 있다. 매력도가 높은 게임은 사용자를 현실의 스트레스 요인에서 벗어나게 하며, 게임에서 얻는 성취감은 정서적 안정감을 제공할 수 있다. 가성비 측면에서도 매우 양호하다. 스트레스를 해소하는데 게임만큼 최적인 요소가 거의 없기 때문이다. 목적과 보상이 확실하고, 혼자서 하든 같이 하던 컴퓨터나 스마트폰을 사용하여 접근성도 뛰어나다. 스트레스 해소를 위해 일반적으로 사용하는 술이나 담배에 비교한다면 별다른 리스크조차 없다. 이외에도 게임은 교육적 도구로 활용되거나 치료, 재활의 수단으로 활용되기도 한다.

결론을 말하자면 게임은 질병도, 약도 아닌, 그 자체로 하나의 도구라고 볼 수 있다. 도구는 쓰기에 따라 엄청난 이익을 가져오는가 하면 잘못 사용하면 심각한 불행을 야기하기도 한다. 게임이 우리의 삶에 긍정적인 영향을 미치게 하려면 개인, 가족, 그리고 사회가 협력하여 건강한 게임 문화를 조성하고, 게임의 활용 방식을 책임 있게 관리해야 할 것이다. 게임은 인간의 삶을 풍요롭게 만드는 잠재력을 가진 도구이며, 그 진정한 가치는 우리가 어떻게 활용하느냐에 달려 있다.

3. 게임과 스트레스

　게임을 하는 사람이 게임을 하지 않는 사람들에게 가장 많이 듣는 소리가 무엇일까. 저자가 가장 많이 들은 소리는 "대체 게임을 왜 그렇게 하느냐"는 것이다. '게임 하기의 유용성'을 묻는 말이라 하겠다. 이런 물음에 대해서 상당수의 게임 사용자들은 특별히 목적론적인 답변을 준비해 두고 있지는 않다. "그냥 하는 거지, 게임을 하는데 이유가 어디 있나." 항용 이렇게 답한다. 이 대답은 엄밀히 말하면 반은 맞고, 반은 틀린 말이다.

　실제로 게임을 하는 데는 생각보다 많은 집중력과 에너지를 소모하게 된다. 시각은 지속해서 바뀌는 영상정보를 받아들여 뇌로 전달해야 한다. 게임 플레이를 할 때는 판단과 선택이 끊임없이, 그것도 제한된 시간 내에, 이루어지도록 요구되며, 이를 다시 신체적 활동(손)을 통해 조작해야 하기도 한다. 게임 종류나 플랫폼에 따라서는 대화하거나 큰 몸짓을 사용하는 때도 있다.

　이런 수고와 노력을 쏟아부어야 하는데, 게임 하기의 이유를 '그냥 하는 거지'로 통 치고 넘어갈 수는 없다. 게임 쪽에서의 입장을 정하여 굳이 말한다면 "뭔가 기분이 풀린다"라고 말하는 것이 답이 될 것이다. 즉, 스트레스를 해소하는 심리적 효과에 많은 사람이 동의하는 편이다. 다만 '그냥 하는 거지'라고 하는 것은 당사자들도 게임이 실생활에서 발휘하는 효능을 구체적으로 설명하기가 쉽지 않기 때문에 내어 보이는 반응이리라 생각된다. 스트레스의 범주와 종류를 정의하는 것도 만만치 않은 일이고, 게임이 어떤 효과를 발휘하여 스트레스가 어떻게 없어지는지를 논하는 것은 결코 쉬운 일은 아닐 것이다.

우선 게임도 변했다는 걸 인식해야 한다. 엄청나게 변했다. 그 변화는 지금도 빠르게 작동하고 있다. 그 변화 속에는 게임이 문화적으로 진화하고 있다는 사실을 주목해야 한다. 게임을 그냥 시간 죽이기 자기만족의 오락으로만 보아서는 시대적 감수성을 갖지 못한 시각이라 할 수 있다.

단순한 파괴를 통해 스트레스를 해소하는 게임. /'내 해머 어딨어' 캡처

기술의 발전과 함께 다양한 장르와 플랫폼이 등장하면서, 게임은 단순한 오락을 넘어 사회적 교류, 경쟁, 자기 계발 등의 요소를 포함하는 복합적인 문화 현상이 되었다. 게임이 현대 사회에 있어 가장 대중적인 여가 활동 중 하나로 자리 잡게 된 것이다.

현대인들의 일상은 경쟁의 일상이다. 따라서 우리 각자의 생활 장면은 스트레스 경험의 연속을 이루는 장(場, field)이라 해도 과언이 아니다. 직장에서는 업무 부담, 상사와의 관계 문제, 성과(成果) 압박이 있으며, 학생들은 학업과 시험 스트레스를 겪는다. 게임은 이런 스트레스로부터의 해방감을 제공한다. 게임이 다양해지고 복잡해지면서 게임의 스트레스 해소 기능도 기술적으로 보완되어 온 면이 있다. 그러나 게임에는 양면이 있다. 반대로 게임이 스트레스의 원인이 되는 일도 있다. 이는 게임의 장르, 플레이 방식, 개인의 성향 등에 따라 사람에게 제공되는 경험이 각기 다르게 작용하기 때문이다. 게임은 어떻게 스트레스를 해소하거나 유발하게 될까.

먼저 스트레스 해소부터 보자. 첫 번째는 몰입과 심리적 탈출(Escapism) 효과이다. 게임은 높은 몰입감을 제공한다. 몰입(flow) 상태란 이전의 어떤 상태로부터 완전히 벗어나게 하는 효과를 수반한다. 몰입이란 사람이 어떤 활동에 완전히 빠져들어 시간의 흐름을 잊고, 높은 집중력을 발휘하는 상태를 의미하기 때문이다. 이는 이전에 나를 묶고 있던 스트레스에서 풀려나 다른 현실에 몰입하게 만드는 효과를 제공한다.

예를 들어 RPG(Role-Playing Game)와 같은 게임은 플레이어가 캐릭터를 성장시키면서 성취감을 느낄 수 있도록 설계되어 있다. 액션 게임의 경우 자신의 의지대로 캐릭터를 조작하며 실제 자신이 할 수 없는 움직임이나 능력을 간접으로 체험해 볼 수 있게 한다. 현실에서의 성취가 어렵거나 시간이 오래 걸리는 경우, 게임 내에서 빠르게 보상받을 수 있는 경험은 긍정적인 정서를 유발하고 스트레스를 완화할 수 있다.

두 번째는 위의 해소 효과에 이어지는 보상시스템과 도파민 분비이다. 게임의 보상시스템은 플레이어에게 즉각적인 피드백을 제공한다. 특정 목표를 달성하거나 퀘스트를 완료하면 보상을 받게 되는데, 이는 뇌에서 도파민(Dopamine) 분비를 촉진한다. 과업 수행에 따른 보상으로 성취동기 충족을 확인해 준다는 점에서는 일반 과업에서의 '노력-보상'이라는 원리와 다를 바 없다. 도파민은 동기부여와 보상의 감정을 담당하는 신경전달물질

실제 스포츠 선수처럼 플레이하면서 스트레스를 해소하는 게임. /'MLB 더 쇼' 홈페이지

로, 이를 통해 스트레스가 줄어들고 긍정적인 감정을 경험할 수 있다.

특히 캐주얼 게임이나 퍼즐 게임은 짧은 시간 안에 성취감을 제공하며, 반복적인 패턴을 통해 일종의 명상적인 효과를 가져오기도 한다. 이러한 게임을 플레이하면서 일상 속 짧은 휴식을 취하는 것은 스트레스 관리에 긍정적인 영향을 미치기도 한다. 물론 '일상 속 짧은 휴식'이라는 점이 중요하다.

세 번째는 게임을 통해서 사회적 교류에 도움을 받으며, 그 교류 소통에서 정서적 지원을 받을 수 있다는 점이다. 멀티플레이 게임은 친구나 낯선 사람들과 소통할 기회를 제공한다. 온라인 게임을 통해 사람들은 협력하고, 경쟁하고, 소통하면서 정서적 교류를 하게 된다. 혼자서 플레이하는 1인용 게임도 공략이나, 2차 콘텐츠 등을 다루는 게임 커뮤니티를 통해 얼마든지 똑같은 게임을 플레이하는 사람들과 정보 공유나 의견을 나눌 수 있다. 이는 고립감을 줄이고, 사회적 유대감을 형성하는 데 도움이 된다. 이런 교류가 온 라인 밖으로 이어질 수 있는 가능성도 모색해 볼 수 있을 것이다.

팀워크가 중요한 MOBA(Multiplayer Online Battle Arena) 게임이나 MMORPG(Massively Multiplayer Online Role-Playing Game)는 플레이어들 간의 협력이 필수적이다. 이러한 게임에서 팀원과 협력하고 목표를 달성하는 과정은 현실에서도 중요한 사회적 기술(Social Skill)을 키우는 데 이바지한다.

이렇게 게임으로 스트레스가 해소되는 측면이 있다면, 게임으로 인해 스트레스가 생성되는 측면은 어떠한 양상이 있을까.

첫 번째는 게임 과몰입을 들 수 있겠다. 게임이 스트레스 해소의 역할을 할 수 있는 반면, 과도한 몰입은 오히려 스트레스를 증가시킬 수 있다. 게임 과몰입의 주요 원인 중 하나는 현실에서의 스트레스를 피하려는 '회피적 동기'다. 제대로 된 일의 과정을 수행하지 않고 즐거움이란 보상만 탐닉하는 것이다. 현실의 문제를 해결하는 대신 게임에만 몰두하다 보면, 현실의 문제는 당연히 그대로 남아 있기 때문에 더욱 심각해진다. 결국 더 큰 스트레스가 유발되고 더 큰 스트레스를 감당하기 위해 게임에 더 많이 몰두해서 시간만 낭비하게 되는 악순환이 이어지는 것이다.

두 번째는 게임 내의 경쟁 요소가 스트레스의 근원이 된다. 무엇보다도 여기서 생기는 분노 유발은 스트레스의 폭발을 부른다. PvP(Player vs Player) 요소가 강한 게임은 강한 경쟁심을 유도하며, 이는 종종 분노와 좌절감을 초래할 수 있다. 예를 들어 FPS(First-Person Shooter) 게임이나 배틀로얄(Battle Royale) 게임에서 연속으로 패배하면 좌절감이 커지고, 심지어 분노(Rage) 반응을 보이기도 한다.

요즘은 꼭 플레이어끼리 매칭이 되지 않는 게임이라도 시험점수를 매기듯이 상위 % 마다 각기 다른 보상을 지급하면서 이용자들의 경쟁심과 승리욕을 부추기기도 한다. 적당한 경쟁 심리는 집중도와 몰입도를 더욱더 높이기도 하지만, 정도가 심할 때는 강한 박탈감과 분노를 유발하기도 한다. 일부 플레이어들은 게임 내에서 상대방에게 공격적인 반응을 보이거나, 키보드를 부수거나, 소리를 지르는 등 감정적인 폭발을 보이는 경우도 관찰될 때가 있다. 이는 게임이 오히려 스트레스를 가중하는 역할을 할 수 있음을 보여준다.

마지막으로 현실과의 균형 붕괴이다. 우리가 일과 삶의 균형을 중시하듯이 게임도 현실과의 밸런스가 어느 한쪽으로 치우치지 않도록 조절하는 것이 중요하다. 게임에 지나치게 몰두하면 현실의 중요한 요소들(학업, 직장, 인간관계 등)에 소홀해질 위험이 있다. 게임을 즐기면서도 현실과의 균형을 유지하는 것이 중요하지만, 일부 플레이어들은 현실보다 게임을 우선시하게 된다. 특히 랭킹 시스템이나 시즌제 보상이 있는 경우, 플레이어들은 '지금 해야 한다'라는 강박감을 가지게 되고, 이에 따라 스트레스가 증가할 수 있다.

결국 게임을 스트레스 해소의 도구로 유익하게 사용하기 위해서는 균형을 유지하는 것이 가장 중요하다 볼 수 있겠다. 적절한 시간 관리 통해 하루에 게임을 할 수 있는 시간을 미리 정하고, 다른 외적인 활동과 균형을 맞추는 것이 가장 중요하다. 스트레스 해소를 위한 도구는 오직 게임만이 있는 것이 아니며 운동, 취미 활동, 친구들과의 만남 등을 통해 다양한 방식으로 스트레스를 해소하는 것이 중요하다. 우리가 식사할 때 한 가지 반찬만 먹는 것이 아닌 골고루 섭취해야 하는 것과 본질은 비슷하다.

또한 패배나 실패를 경험했을 때 이를 긍정적으로 받아들이는 성숙한 게이머로서의 마음가짐을 기르는 것이 중요하다. 스트레스를 느끼면 잠시 게임을 멈추고, 호흡 조절이나 명상 등의 방법으로 감정을 다스리는 것이 효과적일 수 있다. 과도한 경쟁심보다는 타인을 존중하는 태도를 기르는 것도 게임뿐만이 아니라 제대로 된 사람으로 거듭나는 데 필요한 과정이라 볼 수 있겠다.

중요한 것은 게임을 어떻게 활용하느냐에 달려 있다. 적절한 시간 관리와 감정 조절, 현실과의 균형을 유지한다면 게임은 긍정적인 영향을 줄 수 있으나, 그렇지 못하면 새로운 스트레스만 던져주는 애물단지가 될 수도 있다. 게임을 건강하게 즐기는 것은 개인의 책임이며, 이를 위해 자기 조절 능력을 기르는 것이 필수적이라 할 수 있겠다.

4. 자녀들의 게임, 부모의 시선

'자녀들의 게임'이라는 주제 자체가 부모들의 입지를 드러내는 것이라 할 수 있다. 그만큼 게임은 부모들, 주로 엄마들의 중대 관심사가 되었다. 이를 문제적 현상으로 보는 사람도 많다. 그렇다면 '부모들의 게임'이라는 주제가 등장할 날도 있을까. 자녀들에게 부모의 게임이 의미 있는 현상으로 등장할 때 이런 주제가 가능할 것이다. 예컨대 부모들의 게임 때문에 자녀들이 어려움을 겪는다든지, 부모들의 게임이 가정 문화를 바꾸게 한다든지 하는 현상 말이다. 그러나 아직은 아니다.

'자녀들의 게임'이라는 것이 현실의 이슈(issue)로서 제기되는 저변에는 이를 하나의 '문제(problem)'로써 인식하려는 시각이 잠재해 있다. 자녀의 바람직한 발달과 성장을 바라는 부모라면 누구든지 가지고 있는 공통된 소망이 있다. 바로 자식이 잘 성장하여 세상을 잘 살아가는 것이다. 그리기 위한 준비의 도정으로 학업과 공부를 잘 수행해 주기를 바란다. 공부를 잘한다는 것이 꼭 인생의 성공을 보장해 주는 것은 아니지만 인생에서 위험의 나락에 떨어지지 않고 살아갈 수 있게 해주는 왕도와도 같은 길이기 때문이다. 대단히 통속적이긴 하지만 육친애를 지닌 부모의 마음은 이럴 수밖에 없다.

거기에 한국 사회 특유의 높은 교육열과 경쟁이 이러한 공부 경쟁 문화를 더욱 부채질하기도 한다. 그렇기에 수많은 부모가 자식들의 공부를 방해하거나 공부할 시간을 빼앗아 간다고 여겨지는 부정적인 요소들을 배제하고 싶어 한다. 부모로서는 당연한 일일 것이다. 바로 여기에 해당하는 부정적인 요소들 가운데 첫손가락에 꼽히는 것이 게임이지 않을까 싶다. 실제로 게임은 미성년자들이 가장 많이 즐기는 취미생활이기 때문이다.

저자가 자랄 때도 크게 다를 것은 없었다. 오히려 취미가 다양했던 또래들에 비해 저자가 흥미를 느끼고 빠진 취미는 게임뿐이었기 때문에 부모님과 갈등이 많았다. 돌이켜 생각해 보면 부모님과 말다툼하고 혼이 나는 이유의 90% 이상이 게임이었던 것 같다. 과거에는 게임에 대한 기성세대의 부정적 인식이 더 심했다. 게다가 가볍게 즐기는 캐주얼한 게임보다는 몇 시간씩 깊게 파고드는 게임들이 대부분이라 더욱 그랬지 않았나 싶다.

2025년 현재의 사회·문화 생태에서 게임의 위상과 영향력은 날로 달라지고 있다. 이제 현대 사회에서 게임은 자녀들의 일상에서 빼놓을 수 없는 요소가 되었다. 특히 온라인 게임과 모바일 게임이 보편화되면서 아이들은 언제 어디서나 쉽게 게임을 접할 수 있게 되었다. 하지만 이러한 게임 문화가 발전함에 따라 부모와 자녀 간의 갈등도 점점 심화하고 있다. 부모들은 자녀가 게임에 과몰입하는 것을 걱정하고, 반면 자녀들은 게임을 단순한 여가 활동이나 친구들과 소통하는 중요한 수단으로 받아들인다. 게임에 대한 이러한 인식 차이는 갈등을 유발하며, 자칫하면 부모와 자녀 간의 관계를 악화시킬 수도 있다.

부모와 자녀 간의 게임을 둘러싼 갈등은 다양한 형태로 나타난다. 가장 흔한 갈등의 원인은 게임 시간이 지나치게 길어져 학업과 일상생활에 영향을 미치는 경우다. 부모들은 아이들이 공부해야 할 시간에 게임을 하는 것을 걱정하며, 자녀들은 게임을 통해 스트레스를 해소하고 친구들과 소통한다고 주장한다. 특히 시험 기간이나 숙제를 해야 할 때 게임에 빠지는 모습은 부모의 불안을 가중시킨다.

게임에서 돈을 쓰는 형태도 갈등의 요소가 되기도 한다. 온라인 게임은 무료로 설치할 수 있는 경우가 많지만, 게임 안에서 결제 시스템이 도입되면서 아이들이 부모 몰래 결제하거나 용돈을 과도하게 사용하는 문제가 발생한다. 부모들은 경제적 부담뿐만 아니라 자녀의 소비 습관이 무절제하게 형성될까 걱정하는 예도 심심치 않게 볼 수 있다.

모든 게임이 그런 것은 아니지만 일부 게임은 폭력적이거나 선정적인 요소를 포함하고 있어 자녀들에게 악영향을 미칠 수 있다. 특히 연령 제한이 있는 게임을 부모 몰래 하는 경우, 부모들은 자녀가 부적절한 콘텐츠에 노출될 위험성을 우려하게 된다. 옛날에는 그래도 텔레비전이나 모니터가 확보되어야 하므로 어느 정도는 부모가 자녀를 시야에 놓고 통제할 수 있었지만, 자녀들이 스마트폰을 하나씩 다 들고 다니는 요즘은 그것조차 쉽지 않다.

일부 부모들은 자녀가 게임에 지나치게 몰입하여 현실 세계와의 접점을 잃을까 걱정한다. 게임에 너무 많은 시간을 투자하다 보면 친구들과의 오프라인 활동이 줄어들고, 가족과의 소통이 단절될 수 있다. 가족과의 소통마저 단절된 상태에서 부모가 아이의 게임 습관을 강하게 제재하려고 하면, 아이들은 부모에게 반항하거나 대화를 피하게 된다. 이러한 과정을 거쳐 가정 내 신뢰 관계가 약화할 수 있다. 이는 결국 아이의 사회적 능력(Social Skill) 발달에 부정적인 영향을 미칠 가능성으로 이어지는 것이다.

게임을 둘러싼 갈등을 해결하기 위해서는 부모와 자녀 간의 '열린 대화'가 필수적이다. 여기서 열린 대화란 권위를 앞세우지 않고, 일방적 지시를 강조하는 대화가 아닌, 수평적이고 민주적인 대화를 말한다. 부모로서는 상당한 인내가 필요하다. 너무 평범하고 상식적이고 상투적인 충고 같지만, 이를 뛰어넘을 묘방은 없다. 게임 때문에 그나마 이어졌던 부모 자녀의 대화마저 끊어지는 경우가 많다는 것을 염두에 두면 '열린 대화'의 중요성은 백번 강조해도 모자라지 않다. 대화의 방식에 따라 문제 해결의 방향이 달라질 수 있기 때문에 효과적인 소통 전략이 필요하다. 막연히 그냥 대화만 한다고 되는 것은 아니다. 어떻게 자녀에게 다가가면 좋을까.

제일 중요한 것은 자녀를 이해하려는 마음의 준비이다. 즉, 감정적 대립보다 공감과 이해가 우선시 되어야 한다는 것이다. 부모들은 자녀가 게임을 하는 이유를 이해하기 어렵더라도 이해해 보려는 태도를 보여야 한다. 무조건적인 금지나 비난은 자녀의 반발을 초래할 뿐이다. 아이들은 게임을 단순한 오락이 아니라 친구들과의 소통 도구, 스트레스 해소 수단으로 생각할 수 있다. 따라서 부모는 "너는 게임이 왜 좋아, 어떤 점이 재미있어"와 같은 질문을 통해 아이의 생각을 듣고 공감하는 태도를 보일 필요가 있다. 자녀가 하는 게임을 실제로 할 수 있다면, 자녀와의 대화가 더 잘 이루어질 수 있다.

자녀와 게임에 대한 공감대 형성이 되었다면 게임 시간을 함께 조율하는 규칙을 만드는 것도 중요하다. 많은 부모님이 아마도 일방적으로 게임 시간을 제한하는 편이다. 그러나 이것은 그다지 효과적이지 않다. 대신, 자녀와 함께 게임 시간을 조율하는 것이 중요하다. 예를 들어 "하루에 1시간 게임을 하고, 숙제를 먼저 끝낸 후에 하는 것은 어때"와 같이 대안을 제시하며 자녀가 스스로 규칙을 설정하도록 유도하면 더 큰 효과를 볼 수 있다. 게임을 할 때 부모의 규칙을 강요하는 것보다는, 자녀 스스로 책임감을 느끼도록 유도하는 것이 중요하다. 일방적으로 자신을 옭매는 규제가 아니라 부모와의 합의된 사회적 약속의 하나로 인식시키는 것이 자녀의 자율성과 자기 통제성을 기르는 데도 큰 도움이 된다.

자녀가 하는 게임을 부모가 직접 체험해 보는 것도 좋은 방법이다. 아이가 좋아하는 게임을 부모가 함께해 보면, 게임이 단순한 오락을 넘어선 요소가 있음을 이해할 수 있다. 또한 부모가 게임을 경험하면 자녀와 공감대를 형성할 여지가 더 많이 생겨나고, 자연스럽게 게임과 관련한 대화를 이어갈 수도 있다. 일부 게임은 협동 플레이가 가능하다. 이런 게임은 부모 자녀가 함께 즐기면서 자연스럽게 가족 간의 유대감을 키울 수 있다.

마지막으로 긍정적인 대화법 사용하기를 권한다. 부모가 "너는 맨날 게임만 해. 공부는 안 하고 게임만 하니까 성적이 떨어지지"와 같은 부정적인 말투를 사용하면 자녀는 방어적으로 반응하게 된다. 대신 "엄마(아빠)는 네가 게임에서 이러저러한 경험을 하는 것을 이해하지만, 게임 시간을 조금 줄이면 더 건강한 생활을 할 수 있을 것 같아"라고 말하면서 긍정적인 접근법을 사용하는 것이 좋다. 호응해 오는 자녀에게 적절한 보상으로 피드백을 해주는 것도 좋은 방법이다. 사실 이것은 비단 게임의 영역에만 해당하는 것은 아니다. 좋은 대화가 지녀야 할 보편의 법칙이다. 또 그만큼 누구나 알지만 실천이 어려운 영역이기도 하다.

자녀의 게임 문제에 너무 강박되지 말고 조금은 넉넉하게 생각하자. 게임을 둘러싼 부모와 자녀 간의 갈등은 자연스러운 현상이다. 중요한 것은 게임을 무조건적인 문제 요소로 규정하는 것이 아니라, 이를 어떻게 조절하고 활용할 것인가에 대한 고민이다. 부모와 자녀 간의 대화를 통해 적절한 규칙을 설정하고, 서로의 입장을 이해하는 태도를 기르면 게임으로 인한 갈등을 줄이고 가족 간의 유대감을 강화할 수 있을 것이다. 올바른 사용법을 지도하고 균형 있는 생활 습관을 형성하는 것이 부모와 자녀 모두에게 중요한 과제가 될 것이다. 게임을 하며 자란 세대들이 부모가 되면 좀 달라지지 않을까 하는 생각도 한다. 같은 고민을 가진 부모들끼리 대화 커뮤니티를 온라인 오프라인으로 만들어서 체험과 방법을 공유해 나가는 것도 실천적 지혜가 될 수 있다.

제3장

주목해야 할 게임의 기능

1. 게임의 분류

"또 새것 샀어?!"

저자뿐만 아니라 게임을 즐겨온 사람들이라면 한 번쯤 들어보았을 소리가 바로 이 소리이다. 독자 중에도 한때 이 말을 들어보았거나, 아니면 나중에 자신이 어른이 되어서 자녀에게 직접 이 말을 해보았을 수 있다. 게임을 좋아하는 자녀를 둔 부모님이 독자 중에 있다면, "어! 저거 내가 가끔 내 아이에게 하는 소리인데…"라고 할지도 모르겠다.

"또 새것 샀어?!"

이 말에는, 이미 사둔 게임도 많은데, 또 샀느냐 하는 나무람도 살짝 들어 있고, 지금도 충분히 잘 즐기는 게임 있는데, 그걸로 넘치게 즐길 수 있는데 또 새 게임을 사느냐 하는 의문도 들어 있다. 이 생각의 밑에는 '게임이란 게 그게 그거지, 또 같은 것 아니냐' 하는 고정관념이 자리 잡고 있다 하겠다.

게임을 잘 모르는 부모의 처지에서는 자녀가 게임을 산 지 얼마 되지도 않았는데, 그것 말고 또 새로운 게임을 사서 하고 있으니 그렇게 생각할 수도 있을 법하다. 그런데 실제로 게임을 하는 사람이 되어 보면, 오로지 특정의 게임 종류만 붙들고 있다는 것도 쉬운 일이 아니다. 아니, 실제로는 현실적이지 않다. 인간이 각기 취미나 기호(嗜好)의 세계를 가지고 있을 때, 특정의 대상(영역)에만 빠져있는 것처럼 보이는 것은 피상적 인식이다. 그 취미나 기호의 세계 안에도 자세히 다가가면 대단히 다양하고 분화된 대상(영역)이 있는 것이다. 그리고 이를 발견하는 순간, 새로운 인식의 눈이 뜨인다고 할 정도로 경이롭다. 이는 넓은 의미에서 모두 교육적 의미를 띤다고 할 수 있다. 굳이 '학습의 가치'를 경험한다든지, 또는 인지의 변화를 느낀다든지 하는 말을 써 가면서까지 옹호할 생각은 없다.

가까운 예로 음악 감상을 취미로 즐기는 경우를 생각해 보자. 분명 누구나 처음에는 특정의 음악 장르나 특정의 연주, 특정의 작곡가나 가수에 흥미를 느껴서 음악 영역에 다가가는 계기를 가졌을 것이다. 그러나 이 취미를 더 지속하여 심화해 나가다 보면, 또 다른 음악 장르, 또 다른 연주, 또 다른 작곡가나 가수 등으로 관심과 몰입이 확장될 수밖에 없다. 이런 확장의 관심과 활동은 바람직한 성장과 발달의 자연스러운 현상이라 할 수 있다. 이 또한 넓은 의미에서 모두 교육적 의미를 띤다고 할 수 있다. 드라마나 영화도 마찬가지다. 여행이나 수집 등의 취미도 마찬가지다. 바람직한 취미 개발 활동이라면, 비슷한 내용이나 같은 장르만을 계속해서 취하는 경우는 매우 드문 일이다.

이 문제는 인간의 경험 학습이 끊임없는 변화와 대체를 통해서 발전하는 것임을 알려주는 측면도 있다. 결국 인간은 활동을 통해서 어떤 특정의 것에 익숙해지기 마련이고, 일단 익숙해진 이상 아무리 그것이 좋고 매력적이라도 그때부터는 집중력이 점점 떨어지고 지루함이 찾아오기 때문이다.

즐거움도 여러 가지 종류가 있는데, 한쪽 측면의 즐거움만 계속 들어오게 된다면, 그렇게 과잉 공급되는 즐거움은 인간의 뇌가 그것을 더는 즐거움으로 느끼려 하지 않는다. 다시 다른 측면의 즐거움을 찾아 나서게 되는 것이다. 그것이 다소 낯설고 힘들고 불편하더라도 기꺼이 감수하려는 데서 새로운 즐거움이 생성되는 것이다. 요리(food)의 경우를 생각해 보면 더 확연해진다. 최고의 수준으로 평가받는 요리를 처음 대하게 되었다고 하자. 본인도 먹는 순간 천하일미라고 인정하게 되는 요리였다. 그런데 한 3일 정도, 그것만 먹고 있게 된다면 어떨까. 사람들 대부분은 먹지 않으려고 할 것이다. 좋은 것, 즐거운 것에 대해서도 인간은 권태의 본능을 가진다. 이 권태가 인간을 창의의 존재로 만드는 동인이 된다.

'음악'이라는 한 단어로 묶어도 모든 음악이 실제로는 다 같다고 말할 수는 없다. 한 단어로 '드라마'라 일컬어도 그 안에는 수없이 다른 드라마가 있다. 요리도 마찬가지이고, 게임도 마찬가지이다. 큰 틀에서야 같다고 하지만 자세히 파고들면 온갖 종류로 나뉘게 된다. 그에 따라 특징, 구조, 형상, 작용 등까지 상당한 차이를 드러내면서 각기 다르게 나타난다. 그리고 이러한 다양한 모습을 통해 취향이 가지각색인 사람들을 만족시키게 되는 과정에 따라서 어떤 부류는 주류 문화로 발돋움할 수 있었다.

게임이야말로 더욱 그러하다. 모든 게임마다 플레이하는 방법이 다르다. 사용자에게 요구되는 자질과 능력도 조금씩 다르다. 얻을 수 있는 즐거움이 모두 다르기 때문이다. 그래서 그 다름과 차이가 주는 매력이 또한 다채롭기에 너도나도 할 것 없이 게임에 빠져들게 되는 것이다.

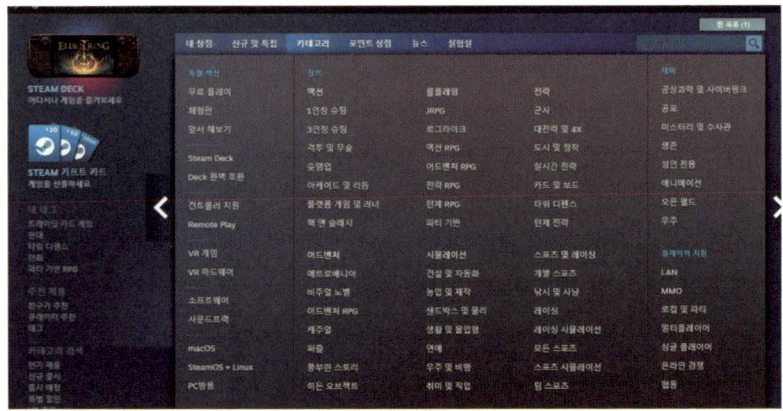

게임 플랫폼인 '스팀' 상점에서 보여주는 게임 카테고리들. /'스팀' 캡처

이런 관점을 바탕으로 게임에는 어떤 종류들이 있을지를 들여다보자. 게임을 분류하는 일은 얼핏 간단한 듯하면서도 복잡한 일이기도 하다. 왜냐하면 게임의 분류하는 기준이 매우 다양하기 때문이다. 어떠한 기준이 적용되느냐에 따라 게임의 특성, 목적, 플레이 방식 등에 따른 분류 방식이 달라진다. 하나하나 자세히 설명하고 싶지만, 모든 것을 자세히 설명하면 정말로 끝없이 길어지게 된다. 그래서 주요 게임 분류 기준과 각 분류에 대한 설명으로 나아가고자 한다.

먼저 플레이 방식을 기준으로 볼 수 있다. 흔히 게임 하는 사람들을 보았을 때 혼자서만 게임을 붙잡고 열심히 하는 사람들이 있다. 그런가 하면 피시방에서 여럿이서 모여서 게임을 하거나, 온라인으로 다른 사람과 협력 또는 경쟁하는 방식으로 게임을 하는 것을 볼 수도 있다. 혼자서 플레이하는 것을 '싱글 플레이 게임'이라고 하며 여럿이서 같이 하는 게임을 '멀티플레이 게임'이라고 한다. 멀티플레이 게임 중에서도 'MMORPG'라는 게임 종류가 있다. 'MMORPG'는 '대규모 다중 사용자 온라인 롤플레잉 게임'을 의미하는 약자로, 수많은 플레이어가 한 세계에서 동시에 플레이하는 형태의 게임을 말한다. 게임을 안 하는 사람도 한 번쯤은 이름을 들어보았을 '리니지'가 여기에 해당한다. 또 20여 년 전 수많은 게임 이용자들의 밤잠을 앗아갔던 '월드 오브 워크래프트' 등도 이 범주에 속한다.

대표적인 MMOPRG인 월드 오브 워크래프트. /공식 홈페이지

게임의 비즈니스 모델 역시 게임을 분류하는 하나의 기준이다. 게임 자체를 구매 후 플레이하는 패키지 게임, 무료로 제공은 하지만, 게임 내 아이템이나 기능을 유료로 판매하는 프리투플레이(F2P) 게임, 월정액을 내고 플레이하는 방식을 택한 구독 기반 게임 등이 이런 분류 체계에 속한다.

난이도나 접근성 역시 게임을 분류하는 기준이 될 수 있다. 가끔 게임 광고를 보면 누구나 쉽게 따라서 할 수 있는 퍼즐 게임이나 간단한 슈팅 게임, 길 찾기 게임 등을 볼 수 있을 것이다. 반면에 섬세한 조작을 요구하거나 복잡한 게임 시스템의 이해를 전제로 놓는 게임이 있다. 굳이 이런 고난도 게임 프로그램을 광고하는 것은 다른 차원에서 게임 동기를 높이려는 의도가 있다. 말하자면 대부분의 사람이 어려워하는 게임이므로, 그렇기 때문에 도전 의식을 불러 일깨우려는 게임도 있다. 누구나 쉽게 접할 수 있는 게임을 '캐주얼 게임'이라 칭하고, 반대로 고난도와 더불어 복잡한 컨트롤을 요구하는 게임을 '하드코어 게임'이라 칭한다.

우리가 게임을 접하게 되는 통로는 여러 가지가 있다. 어떤 사람은 컴퓨터를 사용하여 게임을 즐기는가 하면, 어떤 사람은 핸드폰을 통해 게임을 즐기기도 한다. 어떤 사람은 집에 게임기를 놓고 게임을 즐기는가 하면, 오락실에 가서 동전이나 지폐를 넣고 게임을 즐기는 사람도 있다. 보통 게임 사용자들은 이 가운데 한 방식만을 사용하는 것이 아니라, 이 모두를 병행하며 게임을 즐기는 경우가 대부분이다. 게임을 나누는 데는 이렇듯 플랫폼을 어떤 것으로 사용하는가에 따라 분류하기도 한다. 컴퓨터를 사용하면

PC 게임, 핸드폰을 사용하면 모바일 게임, 게임기를 사용하면 콘솔 게임, 오락실에 가면 아케이드 게임의 식으로 나눈다.

  마지막으로 게임 내용 즉, 장르에 따른 분류가 있다. '슈퍼 마리오'처럼 빠른 반응 속도와 조작 능력이 중요한 게임을 '액션 게임 장르'라 한다. 축구, 야구, 레이싱 같은 실제 스포츠나 레이싱을 가상으로 재현시켜 체험하게 하는 게임을 '스포츠/ 레이싱 게임 장르'라 한다. '테트리스'로 대표되는 논리적 사고와 문제 해결 능력을 요구하는 게임은 '퍼즐 게임 장르'라 한다. 탐험과 퍼즐 해결에 중점을 두며, 스토리 중심의 플레이를 특징으로 하는

프로게이머라는 직업이 탄생하게 해준 스타크래프트. /공식 홈페이지

게임은 '어드벤쳐 게임 장르'라 한다. 플레이어가 캐릭터의 역할을 수행하며 성장과 퀘스트 수행에 집중하는 게임을 '롤플레잉 게임 장르'라 한다. 자원을 관리하고 전략적으로 플레이하는 게임을 '전략 시뮬레이션 게임 장르'라 한다. 이 범주에서는 '스타크래프트'가 가장 유명한 게임이라고 볼 수 있다. 오늘날 나오는 게임들은 이 가운데 한가지 장르로만 딱 특정되지 않는다. 다양한 장르를 융합시킨 형태로 색다른 즐거움을 제시하는 경우가 많다.

   단순하게만 보이는 게임의 세계도 이렇게 다양한 기준과 분류가 세세하게 나누어져 있다. 게임이라고 다 똑같은 것으로 치부하는 태도로는 세대 간 친화를 꾀하기가 어렵다. 게임의 하위 장르들이 서로 어떻게 다르며, 그에 따라 각기 다른 즐거움이 어떻게 주어지는지 체험해 보는 것도 게임 시대의 감수성을 높이는 현대인의 교양적 자질이 될 것이다.

2. 게임과 인지발달

'인지(認知, cognition)'라는 말이 익숙한 듯 생소한 분도 있을 것이다. '인지 발달'이라는 교육학 용어는 더 낯설지 모르겠다. 아는 듯한데 누가 막상 물어보면, 말하기가 쉽지 않다. 우선 단순하게 생각해 보자. '인지'는 '아는 것(앎)' 또는 '무언가를 알게 되는 작용'을 말한다.

그렇다면 인지는 어디에서 일어나는가? 뇌에서 일어난다. 사람의 뇌에서 일어나는 인지를 구명하려는 학문 분야를 인지 과학(Cognitive Science)이라고 하는데, 전통적으로는 인지심리학(Cognitive Psychology)이 큰 역할을 해 왔고, 근래에는 뇌 과학의 발달로 인간의 인지 활동에 관한 연구는 활기를 띠고 있다. 인지심리학은 교육학에도 큰 도움을 주었다. 무엇보다도 학생의 인지가 어떻게 점점 발달하는지를 밝혀내는 데에 크게 공헌하였다.

인지는 고정된 개념이 아니다. 인지란, 지식(앎)을 얻고, 그 지식을 확장하고 사용하는 '능력'으로도 볼 수 있는데, 이 능력은 그냥 제 자리에 머물러 있는 것이 아니라, 학습과 경험을 하면서 점점 발달한다. 이를 '인지 발달'이라 한다. 그런데 게임 경험도 일종의 학습이고, 게임에도 인지를 발달시킬 수 있는 학습 기제가 들어 있다는 것이다.

교육에서 인지에 관심을 쏟는 것은 주로 학생의 지식 습득과 지식 활용 능력에 관한 것들이다. 이를테면 다음과 같은 사항들이다. 학생들은 어떻게 해서 알게 되는가. 앎이 일어나는 과정(Cognitive Process)은 어떠한가. 가지고 있는 앎(지식)을 어떻게 확장하고 통합하는가. 학생들은 자기가 가진 앎을 어떤 방식으로 사용하며, 그때 어떤 사용 전략(Cognitive Strategy)을 구사하는가.

인지에 관한 현재까지의 연구는 바깥 정보를 눈으로 받아들이는, 시지각(視知覺)에 관한 연구가 압도적이다. 학생들의 읽기가 인지 발달에 어떤 도움을 주는지를 연구하는 것이 대표적이다. 근래에는 영상 매체 경험이 많아지면서 영상 텍스트에 의한 인지 작용을 연구하는 예가 부쩍 늘었다. 청각에 의한 인지 연구도 늘고 있다. 이는 인간이 외부로부터 받아들이는 감각 정보의 대다수가 시청각에 의존한다는 사실과 더불어, 연구할 때 실험의 통제가 상당히 쉽기 때문이다. 이런 경향을 주목한다면 앞으로 게임과 인지 사이의 상관성을 다루는 연구들도 쏟아져 나오리라 예견된다.

여기까지 오면 왜 게임에 이야기에 인지 발달이 등장하는지 알 수 있을 것이다. 시각과 청각으로 들어오는 정보를 받아들여 처리하는 과정은 게임을 할 때 우리에게 일어나는 작용과 유사하다. 더구나 게임 텍스트는 시각과 청각이 통합되면서 다른 사용자들과의 소통 맥락을 함께 거느리고 있어서, 대단히 복잡한 인지 과정과 지적·정의적 활동을 수반한다.

옛날과는 달리 게임은 현대 사회에서 중요한 문화적, 경제적 위상을 가지고 우리의 일상생활에 더욱 밀접하게 다가오고 있다. 게임은 좋건 싫건 우리의 인지 활동, 특히 청소년들의 인지 발달에 관여한다. 많은 연구가 게임이 인지 발달에 미치는 영향을 분석하고 있으며 긍정적인 측면과 부정적인 측면이 공존함을 보여준다. 실제로 주 5시간 게임을 플레이하면 인지적 효과가 약 13년 정도 젊어진다는 연구 결과도 있다.

먼저 긍정의 측면에서 보자. 첫째는 바깥 정보나 사태에 대한 주의력과 반응 속도의 향상을 들 수 있겠다. 게임은 플레이어가 빠르게 변화하는 사태 및 환경에 적응하도록 요구한다. 특히 액션 게임은 높은 수준의 주의 집중과 빠른 의사 결정을 연속해서 요청한다. 액션 게임을 오래 즐겨온 사람들은 시각적 주의력을 상대적으로 더 잘 유지하며, 여러 개의 정보를 동시에 처리하는 능력이 뛰어나다. 또한 빠른 속도의 게임은 환경 내에서 중요한 요소를 신속히 찾아내는 능력을 강화한다. 일종의 '인지적 유창성'이라 할 수 있을 것이다.

게임 내에서의 이러한 경험과 학습이 현실 사태로도 전이되어, 다른 학습 사태에서도 유용한 인지 기술(Cognitive Skill)을 발달시킨다는 연구 결과가 있다. 빠른 속도의 게임으로 이름난 FPS(First-Person Shooter) 게임은 외부의 정보 자극에 반응 속도를 향상하면서 손(근육 및 신경 운동)과 눈(시지각) 사이의 협응하는 능력을 증가시킨다. 협응 능력이 높아진다는 것은 그만큼 뇌의 활동, 즉 인지 활동이 활발해진다는 뜻이다. 예를 들어 Call of Duty 또는 Counter-Strike와 같은 게임은 플레이어가 짧은 시간 내에 적절한 결정을 내리는 능력을 높여 준다.

　둘째, 문제 해결 능력을 기르고 논리적 사고력을 강화한다는 점이다. 게임은 다양한 퍼즐을 경험하게 함으로써 유저에게 전략적 의사 결정을 요구한다. 논리적 사고를 하지 않고서는 전략을 결정할 수 없기 때문이다. 이런 과정을 거쳐서 마침내 사태를 해결하는 데에 도달한다. 문제 해결 능력은 이런 경험 학습을 통해서 길러진다. RTS(Real-Time Strategy) 게임이나 턴제 전략 게임(TBS, Turn-Based Strategy)은 상당히 고차적인 인지 과업을 수행하게 한다. 이를테면 자원을 효과적으로 관리하는 방책을 생각하게 하고, 목표를 향한 장기적인 계획을 수립하는 전략적 사고를 하게 하고, 복잡한 문제를 해결할 수 있는 상호 상관적 대응을 생각하도록 요구한다. 대표적인 사례에 해당하는 게임으로 스타크래프트, 문명(Civilization) 시리즈 등이 있다. 이들 게임은 플레이어가 다양한 변수를 고려하면서 전략을 수립하는 능력을 배양하는 데 도움을 준다. 그 외의 테트리스, 미스터리 게임, 추리 게임 등은 문제 해결 과정을 통해 사태나 문제를 구조적으로 파악하고 이해하는 패턴 인식 능력을 높여 준다. 이는 창의적 사고(Creative Thinking)의 한 유형이기도 하다.

　셋째는 공간 인지 능력을 향상해 준다는 점이다. 3D 환경에서 플레이하는 게임은 공간적 인지 능력을 크게 높여 준다. 3D 게임이 공간적 회전 능력과 지도 읽기 능력을 개선하는 데 도움이 된다는 연구 결과가 발표되기도 하였다. 실제 하나의 도시를 건설하고 운영하는 게임인 심시티(SimCity)와 같은 게임은 도시 계획하는 데 필요한 구조적 사고(Structural Thinking) 또는 종합적 사고(Comprehensive Thinking)를 강화하는 데 도움을 준다.

또한 VR(Virtual Reality)로 대표되는 가상현실 게임은 현실적인 환경에서 공간을 이해하는 능력을 더욱 발전시키는 데 도움을 준다. 이렇게 향상된 공간 인지 능력은 단순히 게임 안에서만 활용되는 것이 아니라 현실 세계에서 특정한 과업을 수행할 때 옮겨 올 수 있다. 예컨대 건축, 엔지니어링, 항공 조종 등의 직업군에서 중요한 역할을 한다.

마지막으로, 게임에서의 인지 경험이 현실에서의 협업 및 사회적 기술을 발달하게 하는 데에 도움이 된다는 점을 들 수 있겠다. 멀티플레이어 게임에서 얻은 '협동성 인지'는 현실 세계에서의 팀워크와 커뮤니케이션 능력을 향상하는 데에 도움을 준다. MMORPG와 같은 게임은 플레이어들이 협력하여 목표를 달성하도록 유도하며, 이는 현실에서의 협업 능력에도 긍정적인 영향을 미친다. 월드 오브 워크래프트(World of Warcraft)와 같은 게임은 팀워크가 필수적이다. 이는 효과적인 커뮤니케이션이 성공의 중요한 요소로 작용함을 배우게 한다. 게이머들은 게임 내에서 다른 사람들과 상호작용을 통해 의견을 조정하고 조율하며, 협상하는 능력을 기르게 된다. 디스코드(Discord)와 같은 플랫폼을 활용한 게임 커뮤니티 활동 또한 사회적 유대감을 형성하는 데 기여할 수 있다.

물론 부정적인 인지 발달의 측면도 존재한다. 이 부분은 게임의 일반적인 부정 이미지와도 상당 부분 일치하는 모습을 보인다. 그래서 엄밀하게 말하면 이런 부정적 측면은 인지 발달의 국면이라기보다는 오히려 정의적 측면 내지는 습관의 측면이라 할 수 있다. 그러나 이들도 궁극에는 인지 발달에 부정적 그늘을 드리우는 것임을 볼 수 있어야 할 것이다.

먼저 주의력 결핍과 충동성 증가를 들 수 있다. 지속적인 게임 플레이는 현실에서의 주의력 감소와 충동적 행동을 증가한다. 지나친 게임 사용은 현실에서 긴 시간 동안 주의를 유지하는 능력을 떨어트린다. 일부 연구에서는 ADHD(주의력 결핍 및 과잉 행동 장애)와 연관성을 지적하기도 한다. 특히 짧은 시간 내에 지속해서 보상을 받는 게임들은 집중력을 분산시킬 가능성이 크다. 실시간 보상이 주어지는 게임 환경은 인내력을 떨어트리고, 즉각적인 보상을 원하게 만드는 쪽으로 행동 패턴을 강화할 수 있다. 예를 들어 모바일 게임 중에는 확률에 기반한 뽑기의 형태를 지닌 가챠(Gacha) 시스템이 포함되어 있는데, 이 게임을 하다 보면, 즉각적인 보상에 대한 기대감이 빠르게 증가한다. 자신도 모르는 사이에 충동적인 소비에 말려들 수 있다.

이러한 현상은 게임의 과몰입으로 이어지게 된다. 게임은 보상 시스템을 통해 도파민을 분비하게 만들며, 이는 중독 행동을 유발할 수 있다. 이는 특히 MMORPG 또는 모바일 게임에서 흔히 나타나는 현상으로, 현실보다 게임 속 성취감을 더 중시하게 만드는 경향이 있다.

또 다른 측면에서는 우울증과 불안이 있다. 일부 연구에서는 과도한 게임 사용이 사회적 고립을 초래하고, 현실에서의 상호작용이 줄어들면서 우울증과 불안 수준이 증가할 수 있음을 시사했다. 이는 특히 게임을 통해 현실 도피를 시도하는 경우 더욱 두드러진다. 게임으로 인한 소외 인지가 자아를 부정적으로 인지하게 한 것이라 할 수 있다.

 세상 모든 것에는 장점과 단점이 같이 존재한다. 그 어느 것에도 장점만 편리하게 취득할 수 있는 것은 없다. 게임 또한 마찬가지이다.

3. 게임과 예술

　이 책에서 다양한 게임 관련 이야기를 펼치는 저자를 보며, 마치 게임만 붙들고 사는 사람처럼 보는 분들도 있을지 모르겠다. 결론부터 말하면, 그렇지만은 않다. 내향적이긴 하지만, 이따금 취미생활을 위해 밖을 돌아다니기도 한다. 그럴 때 자주 찾는 곳 중 하나가 전시회나 공연장이다. 그림이나 조각 같은 미술품을 찾아갈 때도 있고 미디어아트나 뮤지컬에 관심을 가질 때도 있다.

　그런데 이러한 예술 작품을 관람하면서, 문득문득 드는 생각들이 있다. 두 가지 생각이다. 처음 드는 생각은 과연 이것들이 생겨났던 당대에도 오늘날과 같은 높은 평가를 받았을까? 두 번째 드는 생각은 게임의 영역도 오늘날 예술의 영역에 속하여 인정받는 이 작품처럼 훗날 그 어떤 예술적 평가를 받을 여지는 없을까? 이 두 가지 생각을 하면서 저자는 게임에 내재하는 어떤 미적 즐거움과 그 자질에 대해서 의미 있게 주목해 보게 된다.

　발생론 차원에서 볼 때, 예술은 기술(技術)에서 그 연원을 찾는다. 일찍부터 예술은 기술과 같은 의미로 통용되었다. 문명이 생겨나던 시기에는 생활을 영위하는 기술만이 있었다. 이 기술이 문명이 발달하면서 예술로 자리를 옮겨 갔다고 해야 할 것이다. '인생은 짧고, 예술은 길다.' 이 말은 2400년 전 고대 그리스의 의학자 히포크라테스가 남긴 말인데, 당시 히포크라테스는 '인생은 짧고 기술(의술)은 길다'라는 뜻으로 썼다. 당시에는 '예술'이 오늘날의 예술과 의술, 각종 기술을 아우르는 용어였다.

영어 단어 Art에도 진작부터 기술이라는 의미를 담고 있었다. 인류학의 입지에서 '기술(art)'은 본래 종교의례를 집행하고 그것을 기록하는 데에 소용되는 기능이었지만, 문명 시대에 와서 기술의 원래 기능과 목적은 사라지고, 그것을 미적으로 누리게 됨으로써 예술로 전이된 것이라는 관점도 있다. 그렇게 보면 예술을 규정하는 절대적이고 부동의 기준은 따로 존재하지 않는다. 시대와 문화 생태의 변화에 따라 예술성의 자질이 무엇인지는 많은 논의가 있어 왔다. 미를 인식하고 그것에 가치를 부여하는 관점도 문화권마다 사람마다 다르다. 따라서 주체들이 인정하는 예술의 개념과 범주도 차이가 있을 수밖에 없다. 현대미술이나 전위예술을 놓고 그것의 예술적 자질이나 가치를 쉽사리 인정하지 않는 사람들의 견해도 같은 맥락에서 출발하는 것이다. 그런 점에서 게임이 가지는 미적 자질은 무엇인지, 게임에서 얻는 즐거움이 예술적 감흥과 만날 수 있는 지점은 무엇인지를 생각하게 된다.

한 가지 분명한 것은 예술의 개념과 범주는 계속 확장되고 있다는 점이다. 이는 문화 생태가 달라지고, 인간의 미의식이 확장하고 있음을 반영한 것이다. 이러한 예술의 범주 확장은 매체 환경의 변화와 깊은 연관을 가진다. 특히 기술문명 발전사에서 새로운 매체가 등장할 때마다, 예술의 범위와 속성에 대한 논쟁 또한 꾸준히 일어났음을 주목해야 할 것이다.

대표적인 예로 영화 장르를 들 수 있다. 100여 년 전 영화 매체가 등장하였을 때는 예술로 인정받지 못하였다. 하지만 영화 내에서 다양한 하위 장르가 생겨나고, 촬영 기법 발달과 더불어 영화 주제의 심화 확산, 그리고 무엇보다도 영화가 매체로서 소통의 확장과 폭발성을 발휘하면서 온갖 우여곡절을 거쳐 당당한 예술로서 인정받을 수 있게 되었다.

이런 기술 문명사적 패러다임을 실제 게임에 적용할 필요가 있다. 게임은 지금 우리가 살아가는 문화 생태(예술 생태)에서 어떤 상황에 놓여 있는

게임아트 전시회(2021년 NC). /대전시립미술관

가? 영화, 음악, 문학, 회화 등과 같은 전통적 예술에 비교했을 때, 게임은 상대적으로 새로운 장르, 새로운 매체 특성을 가진다. 이 새로움은 장벽이기도 하지만 가능성이기도 하다. 게임은 특히 소통의 확장성 면에서 게임을 수용·향유 하는 리얼리티(reality)의 측면에서 다른 문화 장르에 비해 상당한 비교 우위를 가지고 있다고 본다. 요컨대 게임은 콘텐츠의 역동성과 소통 프로세스의 복합적 작용이 돋보인다. 바로 그 점 때문에 게임은 사회적 영향력이 증대될 것이다. 수용자 대중에게어떤 미의식과 감동 기제를 전하

게임아트 전시회(2022년 넥슨). /서울 예술의전당

느냐에 따라서 점차 예술로서의 위상을 얻어 갈 것으로 본다.

예술의 범주가 확장되고 예술이 사회·문화적으로 분화되는 현상을 어떻게 다루는지 좋을지는 프랑스의 경우를 참조해 볼 필요가 있다. 프랑스는 예술의 역동적 생성과 분화 현상에 대하여 '제 N의 예술'이라는 형태로 새로운 예술 범주를 지칭한다. 즉 제1부터 제5까지는 전통적으로 내려오는 건축, 조각, 회화, 음악, 문학 등 5개의 기본예술 영역을 배치한다. 그리고 제6부터 제10까지는 근현대에 추가된 예술 범주들이 자리 잡는다. 즉, 6은 공연예술, 7은 영화, 8은 매체예술, 9는 만화 등으로 가닥을 잡았다. 제10의 영역에 놓일 예술을 무엇으로 할 것인지에 대해 논의가 많이 전개되어 왔는데, 게임이 유력한 후보군으로 손꼽히고 있다.

국내에서는 문화예술진흥법에서 '문화예술'의 범위와 정의를 다루고 있는데, 이 범위 안에 게임을 포함하는 개정안이 2022년 9월 국회 본회의를 통과하였다. 적어도 국내법적으로는 게임을 문화예술의 하나로 인정한다고 볼 수 있겠다. 참고로 덧붙이자면 무용, 연극, 영화는 1987년에, 만화는 2013년에 문화예술진흥법에서 규정하는 '문화예술'의 범주에 포함되었다.

그럼에도 불구하고 게임은 여전히 예술로 인정을 받지 못하거나, 아직도 갈 길이 멀다는 인식을 받고 있다. 게임을 하지 않는 사람들은 응당 그렇게 생각하는 것이 일반적이다. 그런데 문제는 게임 사용자들이나 게임업계 종사자들도 게임의 예술성에 대해서 별다른 자각을 하지 못한다는 데에 있다. 게임이 이미 인류의 문화적 전통이며, 인간의 문화적 향유 행위의 하나로서 인정을 받았음에도 불구하고 이 괴리감은 어디서 오는 것일까.

　게임이 예술로 인정받기 어려운 이유 중 하나는 과도한 상업성과 오락성 때문이다. 많은 게임은 상업적 성공을 목표로 제작되며, 순수 예술의 목적과는 다른 동기를 가진다. 하지만 이러한 상업적 요소는 다른 예술 형식에서도 발견된다. 영화나 대중음악 역시 상업적 성공을 목표로 하지만, 동시에 예술로 인정받고 있다. 따라서 상업성과 예술성은 반드시 상충하는 개념은 아니다. 하지만 몇몇 게임의 경우 극단적으로 상업성만을 쫓는 형태를 보이며, 그러한 게임들이 눈에 잘 띄거나 사회 문제의 이슈로 되기 쉬우므로 일반에는 예술과는 더욱 거리가 먼 이미지로 각인되는 것이다.

　또한 게임이 그 본질이 오락이라는 점이 예술로서의 가치를 낮추는 요인이 된다. 그러나 '오락'은 예술 일반에도 중요한 요소 중 하나로, 관객에게 즐거움과 감동을 제공한다. 그리고 그것이 예술의 목표 중 하나라는 점을 고려하면 오락성 자체를 무가치한 것으로 비판하는 것은 적절하지 않다고도 할 수 있다. 다만 오락으로 누리는 그 행위가 소비적인 데 그치지 않고, 무언가 생산적 요소를 담을 수 있도록 해야겠다는 생각은 든다.

　본디 예술이란 인간의 창의성과 감정을 표현하며, 감상자에게 미적 또는 감정적 경험을 제공하는 활동이다. 전통적 예술은 주로 천재적 예술가 개인의 감정과 사상을 전달하는 수단이었다. 예술가가 예술 작품을 창조하는 과정과 결과물 자체가 예술적 가치를 지니게 만든 것이다.

　게임은 이러한 전통적 정의와는 다른 차원에서 예술을 탐구한다. 게임은 서사(narrative), 시각적 요소(visual art), 음악(soundtrack), 상호작용(interactivity)을 결합하여 몰입감 있는 경험을 제공한다. 이는 단순히 감상하는 데서 끝나지 않고, 플레이어가 게임 운용의 일부로서 역할을 수행하며, 경험을 만들어 간다는 특징이 있다. 이는 게임만이 가지는 독특한 감상적·소통적 특징이며 다른 예술들과 무엇이 다른지를 보여주는 점이기도 하다.

게임은 단순히 개인적인 경험에 그치지 않고, 교육적·사회적 메시지를 전달하는 통로로 사용되기도 한다. 예를 들어 '문명' 같은 게임은 정치 감각과 도덕적 딜레마를 탐구한다. 전쟁을 기반으로 한 게임들은 전쟁의 참혹함을 체험하게 한다. 이러한 게임들은 역동적 수용자인 플레이어에게 깊은 성찰과 사회적 문제에 대한 인식을 불러일으킨다. 이는 예술이 자연스럽게 발생시키는 교육적 효과와 사회적 의식을 게임에서도 기대할 수 있음을 보여준다.

게임과 사회를 주제로 한 기획전 '게임사회'(2023년). /국립현대미술관

게임은 관점에 따라 예술이라 볼 수도 있고 아닐 수도 있다. 그렇다면 미래에는 과연 어떻게 비추어질까? 유튜브에서 활동하는 비평가인 노스탤지어 크리틱(Nostalgia Critic)이 '게임은 예술인가?'에서 말한 내용을 인용하며 마치고자 한다.

"여러분은 만화가 고급 예술이 아니었던 시절을 기억할 겁니다. 그냥 애들이나 보는 거였죠. 솔직히 말하자면 저도 그렇게 생각했어요. 그러다 기념비적인 《쥐》가 나왔고, 《왓치맨》, 《페르세폴리스》, 그리고 많은 다른 작품이 말했죠. "어이, 어떻게 생각하든 신경 안 써." 그 어떤 것 못지않게 강하고, 섬세하고, 고무적(鼓舞的)이고, 활기찬 매체가 여기 있다고 느끼는 동안 만화가 인정받는 시대가 되었습니다. 게임의 진화가 불가능하다는 사람들에게 미디어의 통로에 마음을 열라고 하고 싶습니다. 지금의 게임이 예술이 아니라면, 미래의 가능성에 대해 생각해 보세요. 과거 많은 예술과 매체가 무시당했지만, 가능성이 있어서 오늘날의 작품들이 있게 한 겁니다."

4. 게임은 커뮤니케이션이다

커뮤니케이션의 원형은 어떤 전언(傳言, message)을 주고받는 행위이다. 당연히 송신자(sender)가 있고 수신자(Receiver)가 있어야 커뮤니케이션이 일어난다. 따라서 혼자서 하는 커뮤니케이션은 없다. 그런 점에서 보면 게임은 오해를 받기 쉽다. 이를테면 이런 것이다.

게임에 관심이 없는 사람들 쪽에서 게임을 즐기는 사람들을 볼 때 가지기 쉬운 대표적인 선입견은 무엇일까. 그것은 게임을 좋아하는 사람은 사회성이 떨어진다고 보는 관점이다. 게임을 피상적으로만 아는 상태에서는 그런 판단이 있을 법하다. 다른 사람과의 교류 없이 종일 방에 틀어박혀서 게임만 하는 모습이 자연스레 상상될 테니 그런 생각이 들 것이다. 신문에 나오는 방구석 외톨이 기사나 사회에 적응하지 못하고 사고를 일으키는 인물을 다룬 뉴스 등에서, 으레 정해진 순서처럼 문제의 인물들이 게임을 자주 즐겼다는 이야기가 따라붙는다. 이런 방식으로 게임 관련 이야기를 받아들이는 일반인들은 게임에 대해 무조건 경계심을 높일 수밖에 없다. 과연 게임은 정말로 사람의 커뮤니케이션 능력을 퇴화시키고 혼자 고립하도록 만드는 것일까?

커뮤니케이션(Communication)이란 의사소통(意思疏通)을 뜻하는 말이다. 어원은 라틴어의 '나누다'를 의미하는 'communicare'이다. 일찍이 아리스토텔레스가 《시론 Poetics》이나 《수사학 Rhetoric》 등에서 극적 커뮤니케이션과 문학적 커뮤니케이션에 대해 언급한 적이 있으나, 커뮤니케이션에 대한 명확한 정의와 이론은 현대 사회에 이르러서 자리를 잡았다. 20세기 이후 과학기술의 진보로 '매스 커뮤니케이션(Mass Communication)' 형태의 다양한 매체들이 등장한 이후에 커뮤니케이션의 중요성은 더욱 확장적으로 정립되었다.

현대에 와서는 어떤 메시지를 전하고 알리는 과정에 작용하는 송신자와 수신자의 심리적인 요소까지도 커뮤니케이션의 내용으로 중시한다. 그뿐 아니라 매체를 통해서 메시지를 주고받는, 즉 커뮤니케이션 과정에 관여하는 사회·문화적 분위기를 중요하게 고려한다. 그만큼 테크놀로지의 발달로 커뮤니케이션의 환경과 생태가 크게 달라진 점을 함께 주목하게 되었다. 스마트 폰이 없던 시절의 커뮤니케이션과 스마트폰 이후의 커뮤니케이션 양태가 얼마나 달라졌는지를 실감할 수 있을 것이다. 게임의 소통 내지는 게임과 커뮤니케이션의 상관성도 하루가 다르게 진화하고 있음을 볼 수 있다.

저자의 어린 시절을 돌이켜 보면 그나마 게임이라도 있었기에 비교적 원만한 커뮤니케이션이 가능했고, 이를 통해 교우관계가 생성되거나 유지되지 않았나 싶다. 운동 잘하고 활기찬 애들은 인기도 많고 친구도 많았는데, 저자는 운동신경도 좋지 않고 성격도 지금보다 훨씬 더 내향적이었기 때문에 다른 소통 방도를 찾아야 했다. 그나마 머리와 손만 가지고 하는 게임은 어느 정도 활약할 여지가 있었으며, 게임 활동 경험을 통해서, 그것을 기반으로 친구들과 많은 공통 분모를 가지고 대화에 참여할 수 있었다. 당연히 게임 경험을 공유함으로써 친구도 많이 사귈 수 있었다. 오늘날 플랫폼의 수준이나 게임의 종류는 바뀌었을지언정 지금도 이러한 기본 구조는 유지되고 있다고 볼 수 있다.

이제 게임은 단순한 놀이 수단을 넘어서는 위상에 있다. 비록 주류는 되지 못할지언정 사회의 문화콘텐츠로 일정한 자리를 잡고 있다. 특히 게임과 대중사회가 상호작용하는 측면을 주목하기로 한다면, 게임이 개인 간 커뮤니케이션은 물론이고, 게임이 사회적 문화적 커뮤니케이션의 내용(Text)이 되기도 하고, 게임이 커뮤니케이션의 맥락(Context)으로 관여하기도 한다. 게임 대화 그 자체는 아니어도, 게임을 아는 것을 전제로 이루어지는 젊은 세대들의 일상 소통은 날로 늘어가고 있다. 그만큼 '게임과 커뮤니케이션'은 현대 대중사회의 생태와 밀접하게 연결된 주제이다. 게임은 이제 단순한 심심풀이 취미 활동을 넘어선다. 현대 사회를 살아가는 사람들의 다양한 상호작용에 언제든 개입하여 중요한 커뮤니케이션의 장을 제공하고 활성화한다.

일차적으로 게임은 플레이어가 특정 규칙과 목표를 바탕으로 즐기는 활동이다. 이러한 활동은 다른 플레이어와 공유되기도 하고, 때로는 게임 내의 프로그래밍된 캐릭터와 진행되기도 한다. 이 모두가 커뮤니케이션에 해당한다. 게임 내의 프로그래밍된 캐릭터는 임의로 만들어진 것이 아니라, 이 시대의 놀이 감수성과 감정적 트렌드를 지닌 캐릭터이다. 그리고 사회적·심리적 가치를 은연중에 품고 있는 캐릭터이다. 좋은 게임일수록 그런 지향이 담긴 캐릭터를 만들어 낸다. 이렇듯이 게임 과정에서 일어나는 커뮤니케이션 경험은 정보와 더불어 감정을 전달한다.

　게임 안에서는 이러한 커뮤니케이션을 다양한 방식으로 유도하며 플레이어 간의 상호작용을 촉진한다. 오늘날 플레이되는 게임들은 사용자 사이에 소통을 위해 다양한 도구를 제공한다. 대표적으로는 텍스트 채팅, 음성 채팅, 이모티콘 및 간단한 명령어 등이 있다. '리그 오브 레전드'나 '배틀그라운드'와 같은 팀워크가 요구되는 게임에서는 팀원들과의 원활한 소통이 승리에 중요한 역할을 한다. 음성 채팅이나 텍스트 채팅은 팀의 전략을 공유하고, 적의 위치를 알리며, 빠르게 상황에 대처하는 데 사용된다. 이러한 협력적 커뮤니케이션은 실제 현실 사회에서도 팀워크와 문제 해결 능력을 향상하는 데 도움을 준다.

　경쟁형 게임 환경에서는 종종 심리전의 전략과 의사소통의 기술이 중요하다. 게임 내에서 상대방의 실수를 유도하거나, 자신의 의도를 숨기며 전략적으로 정보를 전달하는 경우가 있다. 이는 설득력, 언어적 기술, 그리고 즉흥적인 임기응변의 대응 능력을 요구하는데, 이는 창의적 커뮤니케이션 역량으로 전이될 수 있다. 궁극적으로 게임 참여자의 커뮤니케이션 스킬을 한층 더 발전시키도 한다. 다만 이러한 커뮤니케이션 형태는 종종 사용자 사이에 갈등을 유발할 수 있지만, 노력하기에 따라서는 적절한 감정 조절의 필요성을 일깨우고, 게임의 전체 상황을 균형감 있게 읽을 수 있는 이지적 판단력을 길러주기도 한다.

'캐주얼 게임'과 같이 간단하고 여유로운 게임에서는 유머나 일상적인 대화가 커뮤니케이션의 주요 요소가 된다. 이는 플레이어 간의 좋은 관계 형성과 상호간의 즐거움에 큰 영향을 주는 인자가 되기도 한다. 이런 부류의 게임 안에서는 언어적 소통 외에도 비언어적 커뮤니케이션이 큰 비중을 차지하기도 한다. 예를 들면 아바타의 움직임, 이모티콘, 제스처 등은 플레이어 간의 감정을 전달하거나 상황을 설명하는데 훨씬 용이하다.

이렇듯 게임은 그 자체로 하나의 문화적 공간을 제공하며, 게임에서의 커뮤니케이션은 이 공간을 더욱 풍부하게 만든다. 게임 내에서 이루어지는 대화는 종종 현실 세계의 사회적 규범과 다른 독특한 언어와 행동 양식을 형성하기도 한다. 게임은 종종 외부 플랫폼에서도 커뮤니케이션을 확대하

게임 커뮤니케이션 수단 중 하나인 '디스코드'. /'디스코드' 홈페이지

기도 하는데, 게임공략이나 게임 이야기를 나누던 기존의 인터넷 커뮤니티 등이 전통적인 사례이다.

최근에는 스트리밍 플랫폼(예: Twitch)이나 디스코드와 같은 채팅 애플리케이션을 통해 플레이어들 간의 소통을 더욱 강화되는 현상도 볼 수 있다. 이러한 것들을 통해 단순히 게임 플레이 안에서뿐만이 아니라 그 외의 경로로도 커뮤니티 활동이 가능해진 것이다. 이러한 외부 커뮤니케이션은 게임의 지속 가능한 발전과 커뮤니티의 성장을 촉진하는 매개체 역할을 한다.

게임은 커뮤니티를 저해한다는 인식이 있지만, 오히려 그 반대의 인식도 있다. 게임은 물리적으로 멀리 떨어진 사람들 간의 연결을 가능하게 한다. 친구나 가족과 함께 게임을 하며 유대감을 강화하거나, 온라인 게임을 통해 새로운 사람들과 관계를 맺을 수 있다. 중요한 것은 게임에서의 커뮤니케이션은 단순히 대화에 그치지 않고, 문제 해결 과정의 일부로 작용하는 경우가 많다는 점이다.

제한된 자원을 활용하거나, 팀의 목표를 달성하기 위해 협력하는 과정은 필수적이며 이를 통해 창의적이고 논리적인 사고를 배양할 수 있다. 글로벌 서버를 기반으로 한 온라인 게임에서는 다양한 국적과 문화를 가진 사람들과 소통할 기회가 많다. 그렇기 때문에 다른 문화에 대한 이해와 포용력을 키울 수 있는 문화 소통의 장이 될 수도 있다.

물론 부정적인 영향력도 간과할 수는 없다. 경쟁적인 게임 환경에서는 때때로 욕설이나 공격적인 언행이 발생하기도 한다. 이는 플레이어 간의 갈등을 유발하고, 심리적으로 부정적인 영향을 미칠 수 있다. 거기에 게임에서의 나쁜 소통 경험이 현실 세계의 대인 관계를 대체하게 되는 경우, 사회적 고립감이 증가할 수 있다. 지나치게 게임에 몰두하면 현실에서의 커뮤니케이션 능력이 약화될 가능성도 있다.

게임과 커뮤니케이션은 상호 보완적인 관계를 형성하며, 현대 사회에서 중요한 역할을 하고 있다. 게임은 단순한 오락을 넘어, 사람들 간의 소통을 촉진하고 다양한 기술을 연마하는 도구로 사용될 수 있다. 그러나 이 과정에서 부정적인 측면을 최소화하고, 긍정적인 효과를 극대화하기 위한 노력도 필요하다. 기술의 발전과 더불어 게임 경험의 중심에서 일어나는 커뮤니케이션 작용은 꾸준히 확장될 것이다.

제4장

게임과 문화

1. 게임과 문화떡 파급력

KBS-TV의 대표적 시사교양 TV 프로그램인 〈시사기획 창〉은 시사적 문제들을 중심으로 교양 탐구의 진면모를 보여주는 방송사의 간판 프로그램이다. 저자에게 인상적이었던 프로그램 하나가 있는데, 그것은 2015년 3월에 방영되었던 '한식 세계화의 허상'이었다. 제기된 시사적 이슈는 이러하다.

2009년부터 수년째 추진해 오면서 매해 100억 원 이상의 예산을 배정받던 한식 세계화 사업이 제대로 추진되고 있는가에 대한 의문 제기였다. 대표적인 실패 사례로 방송은 떡볶이 메뉴를 들었다. 국민 대중의 사랑을 받았던 떡볶이를 한식 세계화의 항목으로 두고, 5년 동안 140억 원을 투입해 떡볶이 산업을 키우겠다는 계획을 세웠단다. 떡볶이 관련 이벤트를 열고, 떡볶이 책자도 펴내며, 세계인의 입맛에 맞는 떡볶이 개발도 시작됐다. 하지만 떡볶이 연구소는 1년 만에 연구를 중단했고, 떡볶이 띄우기는 슬그머니 자취를 감췄다. 맛이나 식감에서 외국인들의 혹평이 이어졌기 때문이다.

그로부터 10년이 지난 지금, 떡볶이를 비롯한 한식은 외국인에게 인기를 얻으며 불티나게 팔리고 있다. 미국, 동남아, 유럽 등의 한국식당에서는 이제 한국인보다 더 많은 외국인을 쉽게 찾아볼 수 있다. 서울의 인사동이나 서촌 등의 떡볶이 가게에도 외국인의 행렬이 끊이지 않는다.

이유가 무엇일까. 외국인 입맛에 딱 맞는 메뉴가 개발되어서일까? 아니면 그들의 입맛이 변한 것일까? 아니다. 메뉴나 맛은 그때나 지금이나 변함이 없고 사람들의 입맛이라고 특별히 달라질 수 있겠는가. 변한 것은 한국 문화를 바라보는 외국인의 시선이다. 문화란 그런 것이다. 아니, 더 정확히 말하면 문화의 파급력이 그런 변화를 가져오게 한 것이다.

그간 '방탄소년단'을 필두로 한국의 세계적 아이돌 그룹이 만들어 낸 '그 어떤 한국의 문화'가 있었다. '오징어 게임'이나 '미나리' 등으로 대표되는 한국산 영상 콘텐츠가 세계인의 폭발적인 반응을 불고 오는 현상이 있었나. 그 또한 문화이다. 이런 문화 현상들이 한국 문화를 세계 주류 문화의 하나로 끌어올렸기 때문이다. 한 나라의 음식을 즐기는 것은 그냥 식감 맛보기로 그치지 않는다. 그 나라의 문화를 통합적 감각으로, 그리고 심도 있게 즐기는 제일 간단하고 빠른 방법일 수 있다. 지금 한식이 세계인에게 유행하는 것도 K-Pops, K-Culture 등의 자연스러운 파급 효과로 보는 것이 맞을 것이다. 잘 만들어진 문화콘텐츠와 그것의 파급력은 인근 영역에도 이렇게 엄청난 효과를 가져다준다.

게임은 어떠할까? 게임에서도 이러한 문화적 파급력을 기대해 볼 수 있을까? 우리의 게임 현상 중에 어떤 동력을 기대할 수 있을까? 그런데 다음의 사실을 아는 사람은 많지 않다. 수출의 차원에서 게임은 위에 예시로 든 K팝이나 K드라마 등에 비해서 압도적인 매출을 기록하고 있다. 한국콘텐츠진흥원에서 진행한 2023년 상반기 조사에 따르면 한국 콘텐츠의 수출 약

54억 달러 중 64%가 게임에서 나왔으며, 이는 K팝의 9배, K드라마의 11배에 달하는 수치이다. 물론 여기에는 이들 콘텐츠의 직접 판매만을 언급한 것이다. K팝이나 K드라마 등의 간접적 생산성은 따로 논의해야 할 것이다. 아무튼 그런데도 한류의 선봉장으로 K팝, K드라마가 언급될 때 게임이 언급된 적은 한 번도 없다. 아마, 독자들께서는 K게임이란 단어조차 들어본 적이 없을 것이다.

게임 소비자들이라면 'K게임'이란 용어는 들어봤겠지만, 결코 긍정적인

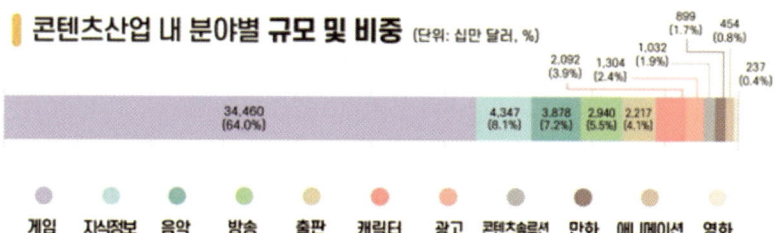

2023년 상반기 콘텐츠 해외수출 현황. /한국콘텐츠진흥원

의미가 아님을 알고 있을 것이다. 'K게임'이라는 용어 자체가 현재 한국 게임이 가진 부정적인 이미지를 통합해 놓은 결정체라고 볼 수 있기에, 비판의 대상을 넘어 조롱의 대상이 되고 있다. 여러 가지 이유가 있겠지만 한국에서의 게임은 산업적인 성과에 비해 문화로서의 성과는 찾아볼 수 없을 정도로 미약하다는 데서 그 이유를 찾을 수 있다. 게임을 인지하고 그 가치를 다룰 때, 단순히 '돈을 많이 버는 산업'이라는 인식에 아직도 머물러 있는 것이다.

게임에 내재하는 '예술적 자질'이나 게임 사용 현상에 잠재하는 '문화적 작용' 등은 도외시한 채, 매출 중심의 사고방식으로 게임 산업을 키워온 부작용이 크다. 달리 말하면 우리는 게임이 가질 수 있는 '예술성 자질'이나 '문화적 작용' 등에 대해서는 별다른 관심과 연구, 그리고 정책적 지원을 기울여 오지 못했다는 말이 된다. 문화 다양성이 풍부한 게임 선진국과는 달리 유독 한국에서 게임이 뉴스나 신문에서 수시로 얻어맞고 규제의 대상이 되는 것도 이런 척박한 게임의 생태와 무관하지는 않을 것이다.

사실, 이에 관련한 가장 유명한 성공 사례는 바다 건너 일본에서 찾아볼 수 있다. 게임을 안 하는 사람도 게임 브랜드의 이름과 생김새는 알고 있는 닌텐도의 마리오와 피카추는 그 자체로 문화적 아이콘이 되어 있다. 이들은 '슈퍼마리오'와 '포켓몬스터'의 캐릭터인데, 전 세계적으로 광범위한 인기를 누리며, 이와 관련한 수많은 파생 상품이 있다. 교토에서 올해 10월에 개관한 닌텐도 박물관은 3,300엔이라는 비교적 높은 입장료에도 불구하고 올해는 이미 모든 관람 예약이 마감되었다. 미국에 미키마우스가 있다면 일본에는 피카츄가 있다는 말까지 나오고 있다. 이렇듯 인지도 높은 게임의 캐릭터나 의상, 테마 음악 등은 데임의 문화적 파급력을 바람직하게 보여주는 예들이다. 그만큼 대중문화에서 적극적으로 활용되며 하나의 문화적 상징으로 자리 잡았다.

이와 같은 캐릭터들에 쏠리는 관심과 인기를 단순한 인기로만 보는 것은 피상적 관찰일 수 있다. 이들 캐릭터의 배후에 있는 스토리텔링이나, 인물로서의 형상과 그 형상에서 드러나는 인격적 자질은 그 나름의 교육적·문화적 가치를 발휘한다. 이들 게임이 한창 성격 발달이 이루어지는 유소년이나 청소년 시기에 자주 접하는 게임임을 알아야 한다. 세 살 버릇 여든 간다는 속담이 있듯이 어린 시기에 형성된 강한 체험은 인생 전반에 걸쳐 큰 영향을 주게 된다.

아이들에게 정서적으로 친밀한 캐릭터들이 나오는 게임을 이야기 경험

피카츄(왼쪽)과 마리오(중간). /닌텐도 홈페이지

으로 즐기고, 거기서 느낀 행복한 기억이 인생에 남는 추억으로 바뀌어 가는 것이다. 이러한 효과로 인해 일본 게임에 대한 긍정적 인식은 세계적으로 일정한 평판을 얻고 있는 편이다. 이런 게임 경험을 통해서 다가가게 되는 일본 문화에 대한 이해는 성인이 되어서도 이어져 다른 분야까지 관심을 가지게 하는 원동력이 된다. 한국의 게임도 세계인이 다가올 수 있도록 해야 한다. 게임이 갖는 교육 문화적 파급력을 지금부터라도 주목해야 할 것이다.

이번에는 우리들의 일상 생활문화와 관련해서 게임을 들여다보기로 하자. 스트레스 해소 및 성취감 달성을 위해 많은 사람이 게임을 즐기고 있다. 때로는 현실에서 얻기 힘든 성취감을 게임에서 느끼거나, 게임 내에서의 체험을 통해 어떤 부정적 감정을 해소하기도 한다. 게임을 통해 적당한 여가와 휴식을 누릴 수 있게 되며 이는 높은 생산성으로 이어지게 되는 것이다. 게임이 여가 문화에 상당한 파급력을 갖고 있음은 게임을 일종의 사회 문화적 인프라로 보려는 데서 나타난다.

일찍이 전쟁이 인류의 기술 발전을 촉진한다는 주장이 있었지만, 오늘날에는 게임이 디지털 기술과 첨단기술을 대중화하는 데에 큰 역할을 하고 있다. 가상현실(VR)과 증강현실(AR) 같은 기술은 게임을 통해 대중에게 친숙하게 다가갔다. 또한 게임에서의 사용 데이터를 토대로, 그것을 피드백(feedback)하여 더욱 기술을 개선하고 발전하게 한다. 가장 대표적인 예로는 AR 기술이 대중에게 어떠한 것인지 각인시킨 '포켓몬 고(Pokémon

GO)'가 있다.

교육적 관점에서는 어떨까. 시뮬레이션 게임으로 운전, 비행, 수술 등의 연습과 훈련 교육을 진행하면서 인적, 물적 자원의 손실 없이 교육 효과를 낼 수 있다. 실패해도 무방한 반복연습이 가능하다. 삼국지 게임과 같이 역사적 사건을 기반으로 한 게임은 플레이어가 가상의 체험을 통해 역사를 배울 수 있게 해준다. '시드 마이어의 문명 시리즈(Sid Meier's Civilization)' 같은 전략 시뮬레이션 게임은 역사적 인물과 사건을 재구성하여 플레이어가 다양한 문명 발전 과정을 체험하고 전략을 세울 수 있도록 해준다. 이는 역사와 문화를 배우는 데 큰 도움이 되며 문제 해결 능력이나 전략적 사고(Strategic Thinking)를 기를 수 있게 한다.

사회·경제적인 측면에서 보면, 게임은 2023년 상반기 기준 국내 매출이 9조 원이 넘어가는 거대시장이기도 하다. 보통은 게임개발자라는 큰 카테고리로 이야기하지만, 실제 개발에는 프로그래머, 그래픽 디자이너, 작화가, 작곡가, 성우 등 여러 분야의 전문가들이 필요하다. 많은 직군에서 다양한 일자리가 창조되는 것이다. 또한 e스포츠의 인기는 전 세계적으로 큰 경제적 가치를 창출하는데, 이는 대규모 관중을 대상으로 한 이벤트와 리그로 이어져 새로운 형태의 직업군을 탄생하게 하였다. e스포츠 선수, 코치, 해설자, 스트리머 등 이전 시대에선 볼 수 없었던 새로운 직업들이 그 대상이다. 이런 사회·경제적 현상은 확장이 될수록 문화로서의 면모를 동시에 갖는다.

이처럼 게임은 현대 사회에서 중요한 문화콘텐츠로 자리 잡으며 다양한 방면에서 큰 파급력을 지닐 수 있는 잠재력이 있다. 긍정적인 측면에서는 사람들에게 새로운 경험을 제공하고 다양한 가치를 공유할 수 있는 매체의 위상을 지니기도 하지만, 여전히 게임 과몰입이나 도박 행태로의 전이 등 좋지 못한 면이 있는 것도 사실이다. 이런 부정적인 측면을 제도적, 기술적으로 제거해 나가면서, 게임으로부터 새로운 문화적 흐름 창출이 꾸준히 확장되어야 할 것이다.

2. 게임과 세대 차이

　현재 저자가 재학 중인 IT 정책경영 전공 박사과정에는 IT 계열 회사를 직접 운영하거나 관련 회사에서 임원, 혹은 관리직에 있는 분들이 제법 많다. 이런 동기들과 술자리에서 허심탄회하게 대화를 나누다 보면 회사 경영의 어려움과 더불어 자주 등장하는 소재가 하나 있다. 바로 요즘 젊은 세대를 뜻하는 MZ세대에 대한 것이다. "MZ세대는 자기 자신밖에 모른다. MZ세대 애들을 데리고 일하기가 너무 힘들다. MZ세대한테 어떻게 다가가야 할지를 모르겠다" 등이 주된 내용이다.

　이야기를 듣다 보면 분명 처음 듣는 내용임에도 불구하고 어디선가 들은 듯한 기시감을 숨길 수가 없다. 자리가 끝나고 집에 돌아오는 길에 그 기시감의 근원을 추적해 보았다. MZ세대라는 글자만 빼면 10~20년 전의 내가 윗세대에게 들었던 내용과 별반 차이가 없지 않은가. 그때와 다른 점이 있다고 한다면, 그 비판의 대상이던 내가 이제는 비판하는 주체로 변한 것뿐이었다. 저자도 젊은 사람들을 보면서 '저러면 안 될 텐데 왜 저럴까' 하는 생각을 하다가도 저 나이대의 나 자신은 그들보다 훨씬 심했다는 걸 떠올리며 속으로 쓴웃음을 삼킬 때가 있다.

　이러한 현상은 한국에서만 있는 것일까? 아니면 내가 속한 세대에서만 일어나는 일인 것일까? 아시는 분도 있겠지만 짧은 글 하나를 소개해 본다. 제목은 '대학생들에 대한 개탄'이다.

> "요즘 대학생들 정말 한숨만 나온다. 요즘 대학생들은 선생들 위에 서고 싶어 하고, 선생들의 가르침에 논리가 아닌 그릇된 생각들로 도전한다. 그들은 강의에는 출석하지만 무언가를 배우고자 하는 의지가 없다…. 그들은 무시해도 되는 문제에 더 관심을 가진다. 사랑이니 미신이니 하는 것들 말이다. 그들은 그릇된 논리로 자기들 판단에만 의지하려 들며, 자신들이 무지한 영역에 그 잣대를 들이댄다. 그렇게 해서 그들은 오류의 화신이 된다. 그들은 멍청한 자존심 때문에 자기들이 모르는 것에 대해 질문하는 것을 창피해한다.
>
> (중략)
>
> 그들은 주일에는 성당에 가서 미사를 드리는 대신, 친구들과 마을을 쏘다니거나 집에 틀어박혀 빈둥거리며 기껏 펜을 든다는 게 연애편지나 끄적인다. 만약 성당에 가게 되면, 하느님에 대한 신앙심으로 가는 게 아니라 여자애들을 꾀러, 또는 잡담이나 나누려고 간다. 그들은 부모님이나 교단으로부터 받은 학자금을 술집과 파티와 놀이에 흥청망청 써버리며, 그렇게 결국 집에 지식도, 도덕도, 돈도 없이 돌아간다."

뭔가 요즘 대학생들에 대입시켜도 위화감을 느끼기 어려운 윗글은 이탈리아 볼로냐 대학의 사제였던 알바루스 펠라기우스가 1311년에 남긴 것이다. 더 위로 거슬러 가면 고대 그리스의 고전인 일리아드에서는 "고대의 장수들은 혼자서도 가뿐히 돌을 들어 적에게 던졌지만, 요즘 젊은이들은 두 명이 나서도 들지 못할 정도로 나약하다"라는 표현이 나온다.

중국 춘추전국시대의 맹자는 "옛날의 군자들은 잘못된 점이 있으면 고쳤는데 요즘의 군자들은 그렇지 않다"라고 하기도 하였다. 조선왕조실록의 숙

알바루스 펠라기우스. /포르투갈 국립도서관

종 17년(1691년) 8월 10일 1번째 기사에서도 "요즈음 가만히 살펴보건대, 세상이 갈수록 풍속이 쇠퇴해져서 선비의 버릇이 예전만 못하여 경학(經學)에 밝고 행실을 닦아 치체(治體)를 잘 아는 자는 적고, 문사(文辭)를 숭상하여 경학을 버리고 녹리(祿利)를 좇는 자가 많으니, 어찌 우리 조종(祖宗)께서 학교를 일으켜 인재를 양성하는 본의이겠는가"라 적혀있다.

《동물농장》의 작가로도 유명한 영국의 조지 오웰은 이와 관련하여 "모든 세대는 자기 세대가 앞선 세대보다 더 많이 알고 다음 세대보다 더 현명하다고 믿는다"라는 말을 남기기도 하였다. 이렇게 놓고 보면 세대 차이에서 오는 세대 갈등은 시대와 문화를 초월한 인류의 본성 같은 것이라 볼 수도 있겠다.

이렇게 세대 차이에 관하여 길게 이야기한 것은 역사가 짧디짧은 게임계에서도 같은 현상이 나타나고 있기 때문이다. 세대별로 가장 많이 즐기는 게임들이 서로 다르다. 게임을 즐기는 방식도 조금씩 차이가 있다. 때로는 같은 게임을 즐기면서도 그 안에서 세대가 갈리며 서로 비판하는 예도 심심치 않게 찾아볼 수 있다.

게임에서 세대 차이가 나타나는 가장 큰 이유는 역시 나이다. 나이 차이가 나면 세대 차이가 나타나는 건 당연한 게 아니냐고 반문할 수도 있을 것이다. 그러나 단순한 나이 차이라기보다는 여기에는 일정한 근거가 있다. 정확히 말하면, 게임을 학습하고 거기에 적응할 수 있는 최적의 연령대가 있기 때문이다.

다른 사례를 들어 설명해 보자. 요즘 어떤 햄버거 가게를 들어가도 계산대 앞에 버티고 서 있는 키오스크를 예로 들어보자. 10대 학생이나 20대 대학생들은 들어오자마자 빠른 손놀림으로 버튼을 조작해 가며 발 빠르게 결제까지 끝내며 주문을 마친다. 비록 메뉴 선택에 시간을 소모할 때는 있어도 키오스크의 조작은 누구든지 쉽게 해낸다. 반대로 나이가 지긋한 어르신들은 어떻게 해야 할지 갈피를 못 잡고 옆의 사람에게 부탁하거나 계산대에 직접 가서 주문한다. 그나마 몇 번 해서 익숙해지신 분들도 중간중간 실수가 잦거나 진행 속도가 느린 경우가 태반이다.

키오스크 사용을 젊은 아이들에게만 몇 년 앞서서 미리 개방한 것도 아닌데도 이런 결과가 나오는 것은 무엇일까. 새로운 것을 받아들이고 익히는 데는 나이가 어릴수록 속도와 이해도가 빠르기 때문이다. 단순히 물건을 선택하고 결제하는 일뿐인 키오스크 사용도 이러한데, 새로운 시스템, 새로운 규칙, 새로운 이미지를 받아들이고 적응해야 하는 게임의 영역에서는 이러한 경향이 더 커질 수밖에 없다.

실제로 저자도 최근의 화젯거리가 되는 몇몇 게임들을 오래 즐기지 못한다. 그 이유 중에는 일종의 나이 차, 즉 세대 차의 문제가 있다. 손과 머리가 옛날만큼 빠르게 반응하지 못하다 보니, 흥미가 예전과 같지 못하다. 게임에 대한 흥미가 옛날 같지 않음을 본인 스스로 확인하곤 한다. 온라인 게임 중 능숙한 손놀림을 요구하는 직업군 중에는 파티(목적을 위해 모이는 일행이나 조) 모집 시에 '해당 직업 30세 이상은 안 받음'이라는 마냥 웃지 못할

알림도 볼 수 있다.

게임에서 세대 차 현상이 두드러진 두 번째 이유는 게임의 끝없는 변화이다. 한국에서 게임은 민속놀이라고 말하는 사람도 있지만 그건 변함없이 많은 사람이 즐긴다는 측면을 강조한 것이다. 게임은 민속놀이와는 운용의 본질이 다르다. 한번 규칙이 정해지면 큰 변화 없이 계속 이어져 내려오는 민속놀이와 달리 게임은 패치(소프트웨어 업데이트)로 규칙이 바뀌기도 하며, 몇 년 뒤에는 속편이 나오거나 아니면 완전히 다른 게임이 주류로 자리 잡기도 한다.

응답자 특성별 모바일 게임 주 이용 장르 (단위: %, 1+2+3순위)

구분		사례수	퍼즐&매치	RPG(롤플레잉)	시뮬레이션	슈팅	액션	스포츠	카지노	레이싱
전체		(5,324)	30.6	29.4	25.9	23.7	22.3	18.7	17.6	16.6
성별	남성	(2,956)	19.4	38.3	23.6	29.5	21.1	28.0	16.7	15.2
	여성	(2,368)	44.5	18.3	28.8	16.5	23.8	7.0	18.7	18.2
연령	10대	(846)	14.5	18.0	36.8	31.6	24.9	18.0	1.5	17.7
	20대	(1,057)	24.7	33.8	28.9	24.2	25.5	17.1	5.6	19.2
	30대	(1,058)	29.4	42.9	32.4	22.4	24.6	16.1	9.2	13.7
	40대	(1,157)	37.4	32.7	22.8	26.0	21.9	23.1	18.0	18.1
	50대	(894)	45.3	23.8	17.4	22.2	20.6	24.5	35.0	19.3
	60~64세	(312)	30.3	3.1	-	1.3	3.2	1.7	78.7	1.0

구분		사례수	전략	테이블톱	MOBA	지오로케이션 AR	파티	리듬	하이퍼 캐주얼	기타
전체		(5,324)	14.3	11.9	8.7	6.3	6.4	4.5	2.5	0.5
성별	남성	(2,956)	19.8	7.1	11.1	4.7	3.9	3.1	1.8	0.3
	여성	(2,368)	7.4	18.0	5.7	8.4	9.5	6.2	3.4	0.7
연령	10대	(846)	15.8	9.4	9.8	8.5	12.4	9.8	3.1	0.8
	20대	(1,057)	17.0	13.4	10.3	6.3	10.2	7.4	2.7	0.3
	30대	(1,058)	13.3	13.0	6.3	10.2	7.4	2.7	0.3	13.7
	40대	(1,157)	15.6	11.4	7.7	6.2	4.0	2.4	2.6	0.5
	50대	(894)	13.7	13.2	6.7	4.9	2.6	1.3	2.4	0.2
	60~64세	(312)	1.4	8.9	0.9	1.0	-	-	0.4	-

2023년 연령별 게임 이용 장르. /한국콘텐츠진흥원

이러한 끊임없는 변화 속에서, 어떤 사람이 자신의 게임습득 최전성기에 가장 많이 접한 게임이 본인 인생의 주류 게임으로 자리를 잡는 것이다. 한때 가장 유명한 게임 중 하나였던 스타크래프트를 예로 들면 지금도 종종 직장인 스타크래프트 대회가 열리는데 우승자가 30대 중반 내지 40대 중반에서 많이들 나온다. 이는 해당 나이대의 게이머들이 현재의 20대 게이머들보다 신체적으로 우수해서가 아니라 그들이 10대~20대 때 가장 유행했던 게임이 스타크래프트였기 때문이다. 물론 지금은 스타크래프트의 시대가 아니다. 지금의 40~50대가 리니지를, 30~40대가 스타크래프트를, 20~30대가 LOL을 제일 많이 하듯이 시대가 지나면 또 다른 게임이 그 자리를 꿰찰 것이다.

게임에서의 세대 차를 설명하는 마지막 요소는 가용 시간의 변동이다. 게임 즐기기에 쏟을 수 있는 시간의 차이가 세대 차를 만들어 낸다는 것이다. 게임을 접하고 숙달되기 전까지는 많은 시간이 필요하다. 20대 초·중반까지는 비교적 여유시간이 많고 체력도 충분하지만, 생업에 종사하게 되고 나이가 들어 체력 회복력이 떨어지면 이전처럼 게임에 많은 시간을 투자하기는 절대 쉽지 않다. 우리가 일상생활을 하며 돈으로 시간과 편리함을 사듯이 게임에서도 점차 현질(게임 내 콘텐츠를 유료로 구매)이라는 형태로 소요 시간과 편의성을 구매하게 되며 게임을 즐기는 과정도 변화를 거치게 된다. 실제로 같은 게임 내의 콘텐츠라도 돈을 덜 쓰고 시간을 많이 쓰는 이용자와 시간을 덜 쓰는 대신 돈을 많이 쓰는 이용자의 관점은 차이가 나는 경우가 많다.

사람이 나이를 먹어가며 행동이나 사고가 조금씩 변해가듯이 게임을 향유하고 즐기는 자세 역시 세월을 따라 변해가게 된다. 그리고 서로 달라진 모습에서 생겨난 세대 차이에 의한 갈등 역시 게임 내에서 존재하고 있는 것도 사실이다. 다만 스트레스 해소를 위해 하는 게임에서 이러한 갈등으로 편을 가르고 감정을 소모하는 것은 안타까운 느낌도 든다. 크게 보면 게임도 인생 생애의 생활 리듬을 따라 그 사용의 변전이 강물처럼 흘러간다. 이렇듯 좀 더 너그러운 시선과 세대 간의 상호이해가 우리의 게임 문화에도 자리 잡기를 기대해 본다.

3. 게임팬덤과 게임 커뮤니티

2002년 그해는 적어도 저자에게는 특별히 기억되는 해이다. 모든 국민이 열광하며 몰입한 콘텐츠가 한 해에 두 가지가 나왔기 때문이다. 첫 번째는 한국의 월드컵 축구 4강 진출 신화이며, 두 번째는 그해 여름부터 방영된 드라마 '야인시대'이다. 앞엣것은 현실의 리얼 콘텐츠이었지만 마치 그 어떤 환상의 아우라처럼 느껴졌고, 뒤엣것은 가상의 드라마였지만 그 어떤 현실보다도 생생한 느낌으로 다가왔다. 잠시 그때의 소소한 장면들(detail)을 소환해 보자.

한일 월드컵 당시 한국인의 응원 열정은 '붉은 악마(Red Devils)'라는 강렬한 집단 캐릭터의 길거리 응원 형태로 나타났다. 일찍이 한국인 자신도 보지 못한 한국인의 다이내믹한 모습이었다. 서울시청과 광화문을 비롯한 이 나라 모든 도시의 거리와 술집, 그리고 공공장소는 길거리 응원을 하는 인파로 온통 붉은색으로 물들였다. 세계의 외신들이 경악하며 이 장면을 퍼서 날랐다. 축구 국가대표팀의 경기는 독점적 콘텐츠가 되어 갔다. 당시 그것은 국민적 콘텐츠로서 마치 블랙홀처럼 우리의 몰입 에너지를 빨아들였다. 상갓집에서조차 경기를 보며 환호성을 내질렀다는 것이다. 좋은 콘텐츠는 몰입을 불러들인다.

2002년 여름부터 1년간 방영된 드라마 '야인시대'는 50%의 시청률을 넘기는 폭발적인 인기를 자랑했다. 당시의 아이들은 누구 할 것 없이 김두한이나 시라소니, 그리고 구마적 놀이에 푹 빠졌다. 학교에서는 매일 같이 등장인물 중 누가 더 강한지를 토론하느라 열변을 토했다. 드라마에서 나온 대결을 교실이나 운동장에서 재현하는 일이 일어났다. 입시 준비를 하는 고등학교에서는 '야인시대' 방영하는 날이면 야간자율학습에서 도망치는 학생들이 특히 많아 감독교사를 더 늘리기도 하였다.

그로부터 22년이 지난 지금 이 두 가지 이야기를 환기해 보면, 저 시기만큼은 우리 국민이 '월드컵'과 '야인시대'의 팬덤(fandom)이었다. 팬덤은 특정한 인물이나 분야를 열성적으로 좋아하는 사람들, 또는 그러한 문화 현상을 뜻한다. 우리는 팬덤이라면 기껏해야 젊은 연예인을 좋아하는 아이돌(Idol) 팬덤의 사례 정도를 떠올리거나, 어린 여성들의 문화 중 어떤 것을 특별히 좋아하는 경향, 즉 그들 서브컬쳐(subculture)의 전유물 정도만으로 생각할 수도 있다.

하지만 오늘날의 팬덤은 그 의미가 확장되고 있다. 마케팅이나 브랜드 분야에서는 소비 판도에 변화를 줄 뿐만 아니라 새로운 목표와 지속 성장을 도모할 수 있는 기반으로서 재조명되고 있다. 팬덤 현상은 인간이 사회성 동물이라는 데에서 기인한다. 내가 좋아하는 것에 대하여 다른 사람과 같이 공감하고, 같이 행동하고 싶은 소망이 팬덤을 낳게 되는 것이다. 우리가 항용 쓰는 말 중에 '즐거움은 나누면 배가 된다'라는 말이 있는데, 이 말 만큼 팬덤이 왜 생기게 되고, 팬덤이 어떻게 성장하는지를 잘 보여주는 말은 없다고 생각한다.

보통 게임은 혼자 하는 경우가 많으므로 '게임에는 팬덤이 없다'는 오해를 할 수 있다. 그러나 게임에도 팬덤이 있다. 게임에서의 팬덤이란 특정 게임 또는 일련의 게임 시리즈를 사랑하고 이를 중심으로 활동하는 사람들의 집단을 의미한다. 팬덤은 게임에 대한 열정과 애정을 공유하며, 초창기에는 단순히 같이 게임을 즐기는 형태로 시작한다. 하지만 시간이 지나면서 게임에 관한 그림을 그리거나, 게임의 공략을 작성한다거나, 또는 게임의 개선 발전 방향에 관하여 논의를 하는 등등 점점 다양한 활동으로 발전한다.

이러한 게임 팬덤은 게임 출시 초기, 혹은 유명 게임 시리즈의 경우 출시

'호요랜드' 행사에 몰린 호요버스 팬덤. /호요버스

전 개발 단계부터 입소문을 타며 형성되기도 한다. 인기 가수가 데뷔 초에는 팬들이 적지만 점차 활동을 지속하고 인기가 커지면 팬들의 숫자도 늘어나듯이 게임 팬덤 역시 시간의 경과에 따라 새로운 콘텐츠나 업데이트를 통해 지속적으로 팬덤의 크기가 확장된다. 한가지 게임만 평생 플레이하는 경우는 없기에 한 게임에 대한 팬덤 역시 영원하지는 않다. 하지만 해당 게임에서 좋은 추억을 가지게 된 사용자들은 후속 시리즈 혹은 동일 게임 개발사를 연결고리로 하여 팬덤을 지속해 나가기도 한다.

팬덤을 형성하게 되는 경위도 모두가 같지는 않다. 어떤 유형(type)의 게임인가에 따라 많은 차이가 있다. 캐릭터의 조작이 가능한 게임, 액션성 혹은 협동 플레이가 강조되는 게임들은 게임 내의 공통된 경험을 통해 팬덤이 형성되는 경우가 많다. 사용자들이 게임 플레이에서 겪은 경험이나 해프닝 등을 공유하며 친밀감을 형성하는 것이다.

캐릭터의 역할이 중시되는 롤플레잉 게임 등에서는 역할의 의미나 가치, 또는 역할 운용의 관점을 중심으로 팬덤이 형성된다. 캐릭터의 서사가 중요시되는 게임들은 게임 서사에 내재하는 세계관을 중심으로 팬덤이 형성된다. 독특한 세계관과 스토리를 통하여 팬들이 몰입하고 토론하도록 유도를 하는 것이다. 팬덤 형성이 게임 콘텐츠에 대한 몰입에서 시작하지만, 팬덤의 질적 수준은 게임 콘텐츠에 대한 상위 인지(metacognition)의 심화로 이어진다고 할 수 있다.

마지막으로 게임 커뮤니티와 팬덤의 생성이나 발전을 주목해 보기로 한다. 게임 커뮤니티는 게임을 즐기는 유저(user)들이 모여 서로 소통하고 정보를 공유하는 공동체라 할 수 있다. 게임 커뮤니티는 게임의 성공과 지속적인 인기에 큰 영향을 미친다. 그런데 이 커뮤니티 활동을 통해 팬덤이 형성되기도 한다. 게임 관련 포럼이나 SNS, 혹은 유튜브 같은 스트리밍을 통하여 팬덤이 모이게 되는 경우인데, 게임에 전혀 관심이 없다가도 이러한 커뮤니티 쪽에서 우연히 게임에 대한 정보를 접하고 흥미가 생겨 게임 체험을 하게 되는 사례도 늘어나고 있다.

게임 커뮤니티 쪽으로 이야기를 옮겨보자. 게임 커뮤니티는 팬덤이 활동하는 핵심 공간이다. 게임 커뮤니티는 게임에 대한 정보 공유로 시작하여

국내 최대의 게임 커뮤니티 중 하나인 '루리웹'. /루리웹 홈페이지

게임 관련 문제 해결을 하고, 나아가서는 사회적 교류의 장으로 기능하기까지 한다. 이런면에서 게임 커뮤니티는 팬덤과 강한 상호성을 갖는다. 어느 한쪽이 크게 성장하면 나머지 한쪽도 같이 성장시키는 상호보완적 관계기도 하다.

팬덤에서 탄생하는 커뮤니티가 있는가 하면 커뮤니티에서 탄생하는 팬덤도 있다. 그래서 닭이 먼저인가 달걀이 먼저인가를 논하는 만큼이나 두 집단 사이를 명확한 인과관계로 설명하기는 쉬운 일이 아니다. 때로는 둘을 아에 한 몸으로 보는 관점도 존재한다.

옛날의 게임 커뮤니티라 하면 일방적인 정보의 전달만이 가능한 게임잡지 같은 활자매체가 전부였다. 하지만 오늘날의 게임 커뮤니티는 인터넷의 등장과 플랫폼의 발전으로 온라인 포럼이나 인터넷 게시판의 형태로 발전했으며 이는 지금도 유지되고 있다. 최근에는 기술의 발전으로 유튜브, 디스코드, 트위치로 대표되는 스트리밍 플랫폼 같은 실시간 소통 채널의 영역으로 확장되고 있다. 특히 스트리밍과 유튜브는 게임 커뮤니티를 더욱 확장하는 주요 요인이다. 인기 스트리머는 자신이 즐기는 게임에 대한 콘텐츠를 본인의 방송을 보는 시청자들에게 제공한다. 이렇게 해서 그들의 관심과 흥미도를 높이고, 커뮤니티의 결속력을 강화한다.

물론 세상만사가 그렇듯이 팬덤이나 커뮤니티가 긍정적 효과만 있는 것은 아니다. 게임 본편보다 커뮤니티에서 노는 게 더 재미있다는 말이 있을 정도로 팬덤과 커뮤니티의 중독성이 강하기 때문이다. 혼자만이 아니라 모두가 같이 몰입하기에 생활 현실과의 균형이 깨져 게임이 현업보다 우선시 될 수도 있다. 커뮤니티 안에서는 이미 그러한 사람들도 있으므로 위기감이나 경각심이 옅어질 수도 있다.

게임 내에서의 같은 사람과 승부를 겨루는 게임의 경우 안에서의 경쟁이 과열되는 일도 있다, 혹은 이미 커뮤니티 안에서 형성된 파벌 등이 독점적이고 배타적인 태도를 보이는 상황도 있다. 위와 같은 원인으로 커뮤니티 내에서 갈등과 분열이 발생하기도 한다. 마지막으로 하나 더 꼽는다면, 팬덤이나 커뮤니티의 구심점이 되는 것은 게임이므로 게임 자체의 인기가 하락하거나 업데이트가 중단되어 더 이상 변화가 없게 되면, 집단은 빠르게 해체된다.

이렇듯 팬덤과 커뮤니티는 현대 디지털 문화의 핵심축으로, 게임 산업 전반에 걸쳐 중요한 역할을 한다. 이 공간에서 이루어지는 게임 유저들의 열정과 창의성은 게임의 수명을 연장하고, 개발자와 유저 간의 상호작용을 강화하며, 게임을 단순한 취미 이상의 문화적 현상으로 자리 잡게 하는 원동력이 되고 있다.

게임 팬덤과 커뮤니티는 기술 발전과 함께 더욱 진화하고 있다. 특히 메타버스와 인공지능(AI) 기술의 발전은 이들의 미래에 중요한 영향을 미칠 것이다. 이러한 기술 발전과 함께 팬덤과 커뮤니티는 더욱 창의적이고 몰입적인 방향으로 진화할 것이다.

4. 게임과 검열

2022년 10월 29일 국회 1번 정문 앞, 날씨가 조금씩 추워지고 있다. 토요일 점심때임에도 불구하고 사람들이 모이기 시작한다. 점점 늘어난다. 지나가던 사람이 여기에 줄을 서면 무료급식을 먹을 수 있는 거냐고 물어볼 정도로 줄이 길어신다. 줄 서 있는 사람들의 공통점이 보인다. 첫째는 대부분 남성이라는 점, 둘째는 20~30대의 젊은이들이라는 점이다. 이날 모인

게임 전문 유튜브 채널 '김성회의G식백과'를 운영 중인 김성회 씨가 2024년 10월 24일 문화체육관광위원회 국정감사에 참고인으로 출석해 게임물관리위원회가 초헌법적 검열 기관이라고 지적하고 있다. /인터넷의사중계시스템

청년들의 수는 5,000명이 넘었다. 무언가 그들 나름의 절박한 주장이 있는 듯하다. 국민 감사 청구를 위한 서명 운동의 현장이다.

그로부터 2년이 지났다. 2024년 10월 8일 헌법재판소에 하나의 헌법소원 심판 청구되었다. 헌법소원심판(憲法訴願審判)이란 공권력이 국민의 기본권을 침해했을 때 그 침해 상태를 해소하기 위한 심판이다. 그런데 이날 청구된 헌법소원심판은 한 가지 특이한 점이 있다. 언론을 통해 크게 알려지지는 않았지만, 청구인 수가 무려 21만 751명으로 대한민국 헌법소원 사상 역대 최다 청구인 기록을 세운 것이다. 이 수치가 감이 잘 오지 않을 수도 있다. 이전 최다 청구인 기록은 2008년 미국 광우병 논란 때 미국산 소고기 수입 관련으로 청구된 심판의 청구인 9만 5,988명이다. 종전 최다 기록을 2배나 경신하게 된 것이다.

2년 전 국회 정문 앞 국민 감사 청구를 위한 서명 모임과 이번 헌법소원 심판 청구, 이 두 가지 사건에 공통되게 엮이는 단어가 하나 있다. '게임물관리위원회'이다. 그러니까 게임물관리위원회를 두고서 이번 헌법소원 심판 청구가 있기 2년 전, 감사원에 국민감사를 청구하는 서명 운동이 있었던 셈이다. 감사원의 국민감사 청구를 위해서는 18세 이상의 국민 300명 이상의 수기(手記) 서명이 필요하다. 2년 전 게임물관리위원회에 대한 국민 감사 청구를 위한 수기 서명을 국회 앞에서 할 때 수천 명의 인파가 몰렸었다. 당초의 목표치는 300명이었으나 5,500명 이상으로부터 수기 서명을 받아내었다.

이번 헌법소원 심판 청구는 게임 법 일부 조항의 위헌 여부를 구하기 위한 것이라 한다. 심판을 청구하는 쪽에서 문제시하는 해당 조문은 게임물관리위원회의 검열을 뒷받침하는 조항으로 알려져 있다. 헌법소원 재판의 판결은 짧게는 반년 길게는 수년 이상 걸리는 것으로, 이번엔 역대 최다 청구인이 있는 만큼 비교적 판결이 빠르게 날 것으로 보인다. 어찌 보면 2년 전 게임물관리위원회에 대한 감사 청구만으로는 해결되지 않는 문제가 있으므로 위헌 청구까지 들어갔다고 볼 수도 있다. 그런 의미에서는 이 두 가지는 서로 독립적인 사건이 아니라 연장선에 놓여 있다고도 할 수 있다.

그러면 왜 이런 일들이 벌어졌을까? 왜 그들은 저렇게 단체 행동에 나섰을까? 하고 싶은 게임이 많은데, 국가가 못 하게 해서 단순히 뿔이 난 것일까? 검열이 무엇을 억압하기에 가사를 청구하고 심판을 요청하는가? 게임을 검열의 문제와 관련해서 들여다보면, '게임의 사회학' 같은 것을 느끼게 된다. 게임이 대중의 사회·문화 영역에 하나의 자리를 잡았음을 알 수 있다. 그 가치와 영향을 두고 법적 지지와 규제가 필요할 정도로 게임은 문화 제도로서 어떤 일정한 위상에 도달해 있음을 느낀다.

문화콘텐츠가 국가의 검열 시스템과 전선(戰線)을 갖는 것은 어느 나라나 일반적 모습이다. 게임을 포함하여 서적, 영화, 공연 등의 문화 콘텐츠들도 검열 제도와 갈등을 빚어 온 역사는 오래되었다. '표현의 자유'를 내세우며 검열과 싸워온 역사가 깊다. 그렇다면 그들의 궁극적 목표는 당국의 게임물에 대한 검열을 완전히 없애고 싶은 것일까? 그런 것이 아니라면 그들은 무엇을 원하고 있는 것일까?

저자의 어린 시절인 1980~1990년대 초반에는 게임에 대한 검열이 존재하지 않았다. 게임의 존재감이 미약하기 때문이라 할 수 있을 것이다. 그러나 그보다 더 특수한 한국의 사정이 있었다. 게임의 검열 운운하기 이전에 일본 문화, 특히 일본 대중문화 수입 제한 정책이 강력하였다. 아예 게임물 자체가 들어오지 않았기 때문이다. 단순히 영화, 만화, 게임 같은 대중문화뿐만이 아니라, 일본 자동차나 일본제 공산품도 수입 규제 대상에 오르던 시절이었다. 몇몇 게임기들이 발매되기는 하였지만 대부분 일본 게임기의 해외버전을 우회 수입해서 들고 온 것이었다. 게임팩 역시 대부분 보따리 상인들이 몰래 들고 들어오는 소량이 전부였다. 당연히 이것들을 검열 대상으로도 여겨지지 않았고 검열할 기구도 존재하지 않았다. 이때의 오락실 게임들은 일본산 게임이 많았음에도 불구하고 표기 언어는 영어였다. 일본어 음성으로 작동해야 할 파트는 아예 묵음으로 처리되는 경우가 대부분이었다.

1998년 김대중 정부 이후 일본 대중문화가 개방되기 시작하고, 2000년 3차 개방에서 게임 수입이 허용되었다. 2003년 4차 개방에서는 일본어로 된 게임도 그대로 수입하는 것이 가능해졌다. 당시만 해도 게임의 등급을 분류하는 일은 영상물등급위원회에서 담당하고 있었다. 점점 더 게임시장이 넓어지고 다양한 게임들이 들어오는데, 이때까지만 해도 게임물 관리에도 큰 이슈가 없어 앞날이 창창해 보였다. 그러나 바로 다음 해인 2004년 사건이 터진다. 아마 게임과 아무런 인연이 없는 분들도 한 번쯤 이름은 들어보셨을 것이다. '바다 이야기'다.

한국 게임사에 큰 상처를 남긴 '바다이야기'.

'바다 이야기' 게임은 2004년 출시된 한국산 아케이드 게임으로 게임에 바다생물들이 등장하기 때문에 붙은 이름이다. 하지만 실상은, 게임기의 형태를 한 슬롯머신과 같은 '도박기기'와 그 영업장에 가깝다. 사람이 매우 적은 시골 군·면 단위까지 '바다이야기'가 들어가고, 바다 이야기 유사 게임장이 생겼고 전국에 도박 열풍이 불게 되었다.

모든 도박이 그렇듯이 '바다이야기'는 심각한 중독성과 도박성으로 인해

당시 정부의 제재를 받고 관련 회사의 대표이사가 구속되고 자살하는 사람까지 나오기도 하는 등 큰 사회적 이슈가 되었다. 이전까지 한국 게임시장은 세계 표준을 따라 자율 심의에 가까웠다. 하지만 이 이후로는 정부 차원에서 게임과 관련된 모든 것이 원점부터 재검토되었다.

이 사건에서 게임물관리위원회의 전신인 게임물등급위원회가 탄생하였고 게임의 사행성만은 무조건 잡아낸다는 취지로 사전심의가 뿌리내리게 된 것이다. 지금도 '바다이야기'의 사행성에 대한 부분은 트라우마처럼 남아 있어서. 어떤 형태로든 게임이 도박으로 활용될 여지가 조금이라도 있다면 무조건 높은 등급을 매겨서 계속 관리하는 것이 현재 게임 심의의 기조이다.

게임을 이용하는 쪽에서 이 검열 제도를 문제 삼는 부분은 국가 주도의 사전심의라는 점이다. 올바른 게임 사용을 유도하도록 등급제가 시행되는 것은 세계 어디나 마찬가지나 사정은 조금씩 다르다. 미국, 유럽, 일본은 자율심의기구를 두는 편이지만, 한국은 정부가 주도하는 관제 검열이다. 이와 같은 방식은 채택하고 있는 나라는 중국밖에 없다.

대한민국 헌법에 따르면 국가 주도의 사전심의, 검열은 위헌으로 앞에서 언급한 헌법소원 청구 역시 이 부분을 따지고 드는 것이다. 게임과 인근 영역인 영화는 1996년 위헌임을 판결받아 이미 사전심의가 폐기되었다. 좀 더 알기 쉽게 설명한다면 영화 '타짜'는 아무런 문제 없이 상영되지만, 비슷한 내용의 게임 '타짜'는 등급 분류가 아예 거부되어 차단당하는 콘텐츠가 되는 것이다.

거기에다 게임물관리위원회가 과연 게임을 해보기나 하고 심의했는지 의심이 된다며 그 전문성을 믿지 않으려는 게임 이용자들의 불만이 늘어나고 있다. 또 게임 등급 분류 회의록의 비공개 및 정보공개 청구에 대한 기각 남발로 등급 분류 작업의 투명성이 떨어지면서 게임 이용자들의 신뢰도가 떨어지고 있다. 이런 것들이 게임물 검열과 관련하여 헌법소원심판(憲法訴願審判)을 청구한 이유 중 하나가 된 것으로 보인다.

제2의 '바다이야기' 사태를 막기 위해서 엄격한 사전 심리를 주장하는 논리도 일리는 있다. 하지만 사행성 하나를 잡기 위해 배제되고 희생되는 부분이 많이 있다는 비판도 경청해야 할 시점에 왔다. 한국 영화가 한때는 사전심의에 눌려서 창의와 개방으로 나아가지 못했지만, 영화법을 개선하고서 지금은 훌륭한 문화콘텐츠로 자리 잡았음을 주목해 본다. 게임 역시 비슷한 길을 걸어갈 수 있지 않을까 기대해 본다.

제 5 장

세계의 게임 현상과 동향 읽기

1. 한국 | PC방과 모바일 강국이 빚은 게임의 풍경

한국 사회에서 게임은 단순한 오락 이상의 의미를 지닌다. 불과 20여 년 전만 해도 게임은 일부 청소년들의 전유물로 여겨졌지만, 이제는 전 국민의 일상 속에 자연스럽게 녹아든 생활문화이자 거대한 산업으로 자리 잡았다. 한국 게임 시장의 이야기를 풀어내기 위해서는 이제는 많이 쇠락하였지만, PC방이라는 독특한 공간을 논하지 않을 수가 없다.

1990년대 후반, 한국은 세계에서 가장 빠르게 초고속 인터넷망을 보급한 나라였다. 초창기에는 집집마다 인터넷을 설치하기 어려웠기에, 자연스럽게 동네마다 저렴한 가격에 인터넷을 쓸 수 있는 'PC방'이 생겨났다. 당시 저자를 포함한 중·고등학생과 대학생들이 삼삼오오 모여 스타크래프트를 즐기던 모습은 한국 게임 문화의 상징적인 풍경이 되었다.

PC방은 단순한 오락 공간을 넘어 사회적 교류의 장으로 기능했다. 친구와 팀을 짜서 함께 전략을 세우고, 패배하면 서로를 위로하며 다시 도전하는 과정에서 동류 공동체 의식이 형성되었다. 이러한 문화적 동류의식은 비록 놀이와 즐기기의 양식에 국한되는 것이기는 했지만, 그들이 향유하는 문화(게임 문화)의 내적 형질을 공고히 한다. 동시에 밖으로는 외적 확장의 동력을 가지는 쪽으로 진화할 수밖에 없었다. 문화란 안으로 구심점을 강화하면서, 밖으로는 원심력을 가지고 뻗어야만 한다. 그렇지 못한 문화는 스스로 소멸할 수밖에 없는 운명을 지닌다.

게임 문화도 그것이 문화로서의 자질과 형질을 발현하기로 말하면, 자신의 인접 문화와 유기적으로 연결되고 서로 상호성을 쌓아 나갈 수밖에 없다. 게임 문화의 인접 영역은 스포츠 문화가 되는 양태를 보여주었다. 이는 다른 나라도 마찬가지였다. 훗날 한국이 e스포츠 강국으로 성장하는 토양이 되었다. 스타크래프트, 리그 오브 레전드, 배틀그라운드 등 수많은 종목에서 한국 선수들이 세계 무대를 지배한 배경에는 바로 이 PC방 문화가 있었기 때문이라고 할 수도 있을 것이다.

또한 인지도가 높은 게임 캐릭터의 대중적 이미지는 캐릭터의 용모 이미지 패션 이미지를 대중문화 영역으로 옮겨 가게 했다. 여기에는 방송을 비롯한 대중 미디어의 양적 질적 변화가 게임 문화의 유연한 확장을 도운 면이 있다. 물론 그 반대 양상, 대중문화 일반이 게임 문화에 친밀성을 띠고 다가오는 양상도 나타났다.

한국은 세계적으로도 드물게 e스포츠가 대중문화로 자리 잡은 나라다. 스타크래프트 프로리그 시절부터 이어져 온 대규모 대회 문화는 지금도 리그 오브 레전드 월드 챔피언십, 오버워치 리그 등으로 이어지고 있다. 서울, 부산 등 도시에서는 대규모 경기장이 운영되며, 수많은 팬들이 선수들을 응원하기 위해 모인다. e스포츠는 단순한 경기 관람을 넘어 새로운 직업 영역과 산업 분야를 만들어 냈다. 프로게이머, 해설자, 스트리머, 콘텐츠 크리에

이터 등 게임을 기반으로 한 다양한 직종이 생겨났고, 이는 한국 청년 문화와 직결되었다.

게임 장르에 대한 선호도도 명확하다. 퍼즐·퀴즈·RPG가 모바일의 강세 장르이고, 슈팅·RPG는 PC에서 여전히 인기가 높다. 콘솔(TV에 연결하는 가정용 게임기)의 경우는 상대적으로 규모가 작지만, 이용자 1인당 지출 금액이 높은 편이다. 즉, 콘솔 게이머들은 소수지만 충성도가 강한 '하드코어 소비자'라고 볼 수 있다. 게임 장르 선호 양상은 게임 문화가 질적인 밀도를 더해 가는 현상으로 보아야 한다. 일반적으로 장르는 단순한 형식이나 구성 포맷이 아니다. 그 장르를 태어나도록 하는 심리적 사회적 문화적 생태가 있고, 그 생태가 그 장르를 요구하는 것으로 보아야 한다. 게임이 콘텐츠 차원에서 분화하고, 그것을 소구(수용 및 향유)하고자 하는 수용 주체들이 구

일본에서 큰 매출을 올리는 '블루 아카이브'. /넥슨 홈페이지

체화하고 있음을 보여주는 것이라 할 수 있다. 이는 수용자의 절대 수효가 의미 있게 확장되는 과정에서 일어난다.

스마트폰의 대중화는 한국 게임 시장의 무게 중심을 단번에 바꾸어 놓았다. 2010년대 들어 스마트폰 보급률이 급격히 높아지면서, '집이나 PC방에서만 할 수 있던 게임'은 '지하철, 버스, 심지어 화장실에서도 할 수 있는 게임'으로 변모했다. 현재 한국 일반 게이머들은 하루 평균 1시간 반 이상을 모바일 게임에 사용한다. 출퇴근길이나 점심시간처럼 자투리 시간을 활용하기에 모바일 게임은 더할 나위 없는 즐김의 수단이 되었다. 이들이 게임 상품을 소비하는 구조를 보면, 월평균 약 2만 원 정도를 모바일 게임에 지출하며, 요금이 부과되는 방식은 부분 유료화가 일반적이다. '게임 자체는 무료지만, 특별한 아이템이나 캐릭터를 얻기 위해 소액 결제를 반복하는 구

콘솔에서도 한국 게임이 성공할 수 있다는 것을 보여준 '스텔라 블레이드'. /시프트업 홈페이지

조'가 자리 잡았다.

　이러한 형태로 자리를 잡게 된 데에는 한국 게임 개발사들의 라이브 서비스 운영 능력이 뛰어나다는 점을 주목해야 할 것이다. '라이브 서비스'란 게임을 출시한 이후에도 끊임없이 업데이트와 이벤트를 제공하며 이용자를 붙잡아 두는 방식을 말한다. 특정 시기에만 얻을 수 있는 한정 아이템, 기간 한정 이벤트, 시즌 패스, 길드(온라인 게임 내에서 사람들끼리 모여 만든 단체) 보상 등은 모두 이용자의 몰입을 높이는 장치다. 모바일 RPG를 예로 들면, 출시 후 몇 년이 지나도 꾸준히 매출을 유지하는 경우가 흔하다. 이는 이용자들이 단순히 게임을 '구매'하는 것이 아니라, 지속적으로 게임 안에 머물도록 설계된 결과다.

　하지만 한국 게임 시장에는 언제나 논란도 함께한다. 그중 대표적인 것이 확률형 아이템 문제다. '가챠'라고 불리는 뽑기형 과금 모델은 이용자에게 중독성을 유발하고, 과도한 지출을 유도한다는 비판을 받아왔다. 정부 차원에서 확률 공개 의무화를 추진하는 등 제도적 논의가 이어지고 있다. 이는 한국 시장이 성숙기에 접어들면서 반드시 해결해야 할 과제이기도 하다.

　앞으로 한국 게임 시장은 두 가지 경로를 통하여 발전할 것으로 보인다. 첫째는 모바일을 중심으로 한 글로벌 라이브 서비스의 강화다. 한국 제작사들은 이미 일본, 동남아, 북미 등지에서 모바일 게임을 성공적으로 서비스한 경험이 있다. 둘째는 K-콘텐츠와의 결합을 통한 차별화 전략이다. 음악, 드라마, 웹툰, 나아가 메타버스와의 연계를 통해 한국형 게임 경험을 세계에 수출하는 것이다.

다만 여전히 해결해야 할 숙제도 많다. 확률형 아이템(내용물이 취득 후 확률에 따라 결정되는 게임 아이템) 규제, 노동 환경 개선 등이 개선되어야 한다. 그리고 창의성보다는 안정적인 수익 모델에 치중하는 게임 관련 산업의 구조적 한계가 그것이다. 그럼에도 불구하고 한국 게임 시장은 독창적인 문화와 기술력을 바탕으로 세계 무대에서 여전히 중요한 역할을 이어갈 것이다.

2. 일본 | 콘솔 전통과 모바일, 그리고 PC의 조용한 부상

일본은 전 세계 게이머들에게 '게임의 나라'로 불린다. 닌텐도, 소니, 세가. 이 세 브랜드의 이름만 들어도 전 세계인들은 수많은 추억과 몰입의 장면을 떠올린다. 게임보이와 패밀리 컴퓨터(패미컴), 플레이스테이션 1·2, 닌텐도 DS와 스위치 등이 웅변으로 입증한다. 일본은 지난 수십 년간 콘솔 게임 시장을 주도해 온 핵심 플레이어였다. 세계는 일본을 두고 '콘솔 제국의 뿌리'라고 말한다.

초창기 게임 개발과 시장을 이끌었던 미국이 아타리 쇼크로 주춤하는 사이 일본은 1980~1990년대 세계 콘솔 시장을 사실상 장악했다. 닌텐도의 슈퍼마리오, 젤다의 전설, 포켓몬스터, 소니의 파이널 판타지와 메탈기어 시리즈 등은 단순한 게임을 넘어, 하나의 색깔 있는 문화 코드로 자리 잡았다. 일본 가정에서 게임은 부모와 아이가 함께 즐기는 여가 활동이었고, 이는 곧 일본의 게임 산업이 글로벌시장에서 성공적인 활약을 보이는 성과로 이어졌다.

수십 년이 지난 지금에 이르러서도 이 흐름은 이어지고 있다. 닌텐도 스위치는 출시 7년이 지난 지금도 꾸준히 판매되고 있으며, 그 후속작인 스위치2는 2025년 6월에 발매된 지 한 달 만에 1,000만 대 판매를 달성하였다. 플레이스테이션 5는 공급 부족 사태가 해소된 뒤, 일본 내에서 안정적인 판매세를 보이고 있다. 일본 게이머들은 여전히 콘솔을 주요 플랫폼으로 삼고 있으며, 액션·JRPG·시뮬레이션 장르에 대한 충성도가 높은 성향을 갖고 있다.

그렇다고 일본이 콘솔만의 나라라는 뜻은 아니다. 스마트폰이 보급되면서 일본 역시 모바일 게임 시장이 급성장했다. 일본은 세계적으로도 유명한 '가챠(gacha)' 문화의 본고장이다. 가챠는 뽑기형 확률 아이템 시스템으로, 이용자가 소액 결제를 반복해 가며, 원하는 캐릭터나 아이템을 얻는 구조다. 일본의 대표적인 모바일 게임들, 예컨대 '페이트/ 그랜드 오더', '그랑블루 판타지', '러브라이브!'는 가챠 시스템으로 막대한 매출을 올렸다. 이러한

10년 이상 상위권 매출을 기록하는 '페이트/그랜드 오더'. /공식 홈페이지

가챠 시스템은 한국 게임 시장에 큰 영향을 미치기도 하였다.

리듬 게임(플레이어의 리듬 감각을 시험하는 음악 테마의 액션 게임 장르)과 수집형 게임(여러 캐릭터를 수집하고 육성 또는 강화하여 전투하는 것이 메인 콘텐츠인 게임) 역시 일본 모바일 시장에서 강세를 보인다. 일본 게이머들은 좋아하는 캐릭터를 모으고, 그 캐릭터와 감정적 유대감을 쌓는 경험에 큰 가치를 둔다. 이 때문에 단순한 플레이를 넘어 굿즈, 콘서트, 애니메이션으로 이어지는 2차 소비 구조가 잘 형성되어 있다. 거꾸로 성공한 애니메이션이나 만화 등이 게임으로 이어지는 케이스도 드물지 않다.

콘솔이나 모바일에 비해 일본에서 PC 게임은 오랫동안 비주류였다. 콘솔이 워낙 강세였기 때문이다. 하지만 최근 몇 년간 PC 게임 매출은 꾸준히 늘고 있다. 2019년 대비 2023년에는 매출이 약 2.87배 성장하는 모습을

끊임없이 추가 콘텐츠와 신작이 나오는 '몬스터 헌터' 시리즈. /공식 홈페이지

보이고 있다. 이는 스팀(Steam) 같은 글로벌 플랫폼의 영향이 크다. 일본 게이머들은 이제 세계의 PC 게임을 손쉽게 즐길 수 있으며, 특히 인디 게임(대규모 퍼블리셔의 지원 없이 개인이나 소규모 그룹이 개발하는 비디오 게임)과 해외 AAA 타이틀에 대한 수요가 증가하고 있다.

일본 게임 산업은 특유의 제작 방식이 있다. 전통적으로는 패키지 게임을 제작·출시한 뒤, 시간이 지나면서 추가 콘텐츠(DLC)나 리마스터 버전(보통 옛날 게임을 현시대에 맞는 화질 또는 음질로 보정 또는 다시 작업해 재구성)을 내놓는 구조였다. 그러나 최근에는 모바일과 온라인의 영향을 받아 콘솔 게임도 라이브 서비스형 운영을 적극 도입하고 있다. 예를 들어 몬스터헌터나 파이널 판타지 온라인 같은 작품들은 꾸준한 업데이트와 시즌 이벤트를 통해 이용자들을 붙잡는다. 동시에 애니메이션, 만화, 소설과 결합하는 미디어믹스 전략을 구사한다. 이는 일본 게임이 특별한 우위를 자랑하는 독보적인 특징이다. 하나의 게임 IP가 전방위적으로 확장되어, 게이머들이 일상 속 다양한 매체에서 게임 세계관을 경험하도록 만든다.

일본 게임 시장은 앞으로도 콘솔 중심의 강세를 이어갈 것이다. 그러나 모바일 가챠 모델에 대한 규제 요구가 커지고 있으며, 글로벌 경쟁 속에서 '창의성'과 '안정적인 수익 구조' 사이의 균형을 어떻게 잡을지가 과제다. 또 PC와 인디 게임의 성장세를 어떻게 산업 구조에 흡수할지도 중요한 문제다.

3. 중국 | 규제 속에서 피어난 초대형 내수와 AAA 도전

중국은 세계에서 가장 많은 게이머를 가진 나라다. 인구 14억 명 중 절반 이상이 게임을 즐긴다는 사실만으로도 이 시장의 규모가 얼마나 큰지 짐작할 수 있다. 2024년 기준 중국 게이머의 연간 지출은 490억 달러(약 65조 원)에 달한다. 이는 단일 국가로는 세계 최대다. 하지만, 이 거대한 시장은 언제나 '규제'라는 특수한 조건 속에서 움직여 왔다.

중국은 사회 전반적으로 다양한 규제들이 존재하는데 이는 게임도 예외가 아니다. 중국에서 게임을 서비스하려면 반드시 '판호(版号)'라는 정부 허가를 받아야 한다. 이는 단순한 심의 제도를 넘어, 콘텐츠 내용과 게임 방식까지 엄격하게 관리하는 제도다. 폭력성, 선정성, 정치적 민감 요소가 있으면 판호를 받기 어렵다.

게임 사용자 측면에서는 2021년에는 미성년자 보호를 위해 전례 없는 강력한 규제가 도입됐다. 18세 미만 청소년은 평일에는 아예 게임을 할 수 없고, 금·토·일요일과 공휴일에만 하루 1시간씩, 주 3시간 이내로 제한되었다. 여름방학 같은 특정 기간에는 특별 운영 지침이 내려지기도 한다. 이와 같은 규제는 게임 산업에 커다란 파장을 불러왔다. 그러나 최근 몇 년간은 다소 완화되는 흐름을 보여주고 있다. 2024년에는 1,400종이 넘는 게임이 판호를 발급받았으며, 2025년에는 1,600종 이상이 될 것으로 전망된다. 이러한 흐름은 다시금 중국 게임 시장에 활력을 불어넣고 있다.

위와 같은 규제에도 불구하고 중국 게임 시장은 여전히 모바일 중심으로 굴러간다. 대중의 생활 속에 깊이 자리 잡은 위챗, QQ 같은 메신저 플랫폼은 게임의 유통 창구로도 활용된다. 게임을 하는 사람이라면 실제 플레이하지 않더라도 이름은 들어봤을 '원신'은 이미 세계에서 가장 높은 매출을 올리는 게임 중 하나로 자리를 잡았다. '왕자영요(王者荣耀)' 같은 국민 게임은 매일 수천만 명이 접속해 즐기는, 말 그대로 생활 속 오락이 되었다. 중국 게이머들은 길드, 파티 이벤트(혼자가 아닌 여러 명이서 파티를 맺어 게임을 플레이), 지역별 순위전 등과 같은 시스템을 통해 장기적으로 게임에

세계에서 가장 잘 팔리는 게임 중 하나인 '원신'. /미호요 홈페이지

머무른다. 또 빌리빌리(Bilibili), 도우위(Douyu) 같은 중국에서 단독으로 운용되는 스트리밍 플랫폼이 게임 소비에 큰 영향을 미친다. 게임은 단순히 하는 것이 아니라, 보고서 이야기하는 대상이기도 하다.

최근 중국 게임 시장을 가장 뜨겁게 달군 사건은 바로 〈검은 신화: 오공〉의 성공이다. 손오공 설화를 바탕으로 한 이 게임은 출시 사흘 만에 천만 장을 판매하며 약 11억 달러에 달하는 수익을 올렸다. 무엇보다 놀라운 점은 이 작품이 중국 개발사가 만든 'AAA급 콘솔·PC 게임'이었다는 사실이다.

그동안 중국은 모바일 게임과 저비용 온라인 게임의 나라라는 이미지가 강했다. 하지만 오공의 성공은 그런 인식을 단숨에 뒤집었다. 정교한 그래

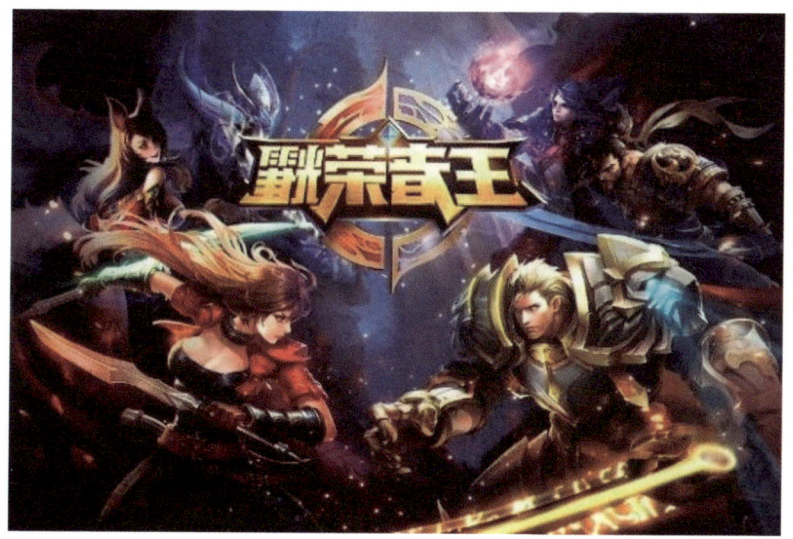

중국의 국민게임 '왕자영요'. /공식 홈페이지

픽, 탄탄한 전투 시스템, 중국 전통문화와 무술 미학을 담아낸 연출은 세계 게이머들에게 깊은 인상을 남겼다.

이 사건 이후로 중국 내에서는 'Phantom Blade Zero', 'Wuchang' 같은 후속 대형 프로젝트들이 활발히 준비되고 있다. 즉, 중국이 본격적으로 글로벌 프리미엄 패키지 시장에 도전적으로 뛰어든 것이다.

중국 게이머들은 여전히 '무료 다운로드+인앱 결제' 모델에 익숙하다. 하지만 동시에 콘솔·PC 프리미엄 게임을 경험하려는 수요도 빠르게 늘고 있다. 한편, 중국 내 게임은 종종 정치적·문화적 상징성과도 얽힌다. 애국주의적 콘텐츠, 전통 신화 재해석 등은 국가적 서사와 맞물리며 시장에서 긍정적으로 평가되기도 한다.

또 한 가지 주목할 점은, 중국 게임 산업과 시장의 활성화에는 부모 세대의 인식 변화가 중요한 영향을 미쳤다는 점이다. 예전에는 게임을 '공부의 방해물'로만 보았지만, 최근에는 e스포츠 선수나 스트리머 같은 직업군이 사회적으로 인정받으면서 게임을 바라보는 시선이 조금씩 달라지고 있다. 이러한 점은 바로 옆에 위치한 한국 게임 시장과도 유사한 측면이 있다.

앞으로 중국 게임 시장은 두 가지 방향에서 진화할 가능성이 크다. 첫째는 여전히 막강한 모바일 대중성이다. 생활밀착형 게임, 소셜 기반 운영, 광고·인앱 결제 혼합 모델은 중국 내수시장에서 계속해서 중요한 역할을 할 것이다. 둘째는 AAA 패키지 시장으로의 도전이다. 오공의 성공이 일회성에 그치지 않고, 후속 대작들이 꾸준히 나온다면 중국은 세계 게임 시장의 지

형도를 크게 바꿀 수 있다. 다만 규제라는 리스크는 여전히 존재한다. 정부가 언제든지 게임 시간을 제한하거나 판호 발급을 줄일 수 있기 때문이다. 따라서 중국 게임 산업은 언제나 '규제와 창조성 사이의 줄타기'를 해야 하며, 여기에 적응하는 서비스만이 살아남을 수 있을 것이다.

4. 북미 | 콘솔 프리미엄과 구독 서비스의 새로운 조합

북미, 특히 미국은 전 세계 게임 산업의 중심 무대다. 매출 규모만 봐도 압도적이다. 2024년 북미 게임 시장은 약 500억 달러를 기록했으며, 미국 게이머 인구는 1억 9,000만 명, 즉 전체 인구의 61%에 달한다. 이 수치는 단순한 여가 활동 차원을 넘어, 게임이 대중문화의 핵심이자 생활의 일부가 되었음을 의미한다.

북미 시장의 특징 중 하나는 콘솔 중심의 오랜 전통이다. 1980년대 아타리 시절부터 시작해 닌텐도의 NES, 세가 제네시스, 그리고 2000년대 이후

'헤일로 인피니티'. /공식 홈페이지

소니 플레이스테이션과 마이크로소프트 Xbox 시리즈는 북미 가정집의 중심을 차지해 왔다. 특히 북미 게이머들은 콘솔 기기를 단순한 게임기 이상으로 여긴다. 가족이 함께 즐기는 엔터테인먼트 장치로 인식한다. 콘솔 기기가 넷플릭스나 디즈니플러스 같은 스트리밍 서비스와도 연결된 '거실 미디어 허브'로 기능하기 때문이다.

게임 장르 선호도에서도 북미 게이머들의 성향이 뚜렷하다. '매든 NFL', 'NBA 2K', 'FIFA(EA FC)' 같은 스포츠 게임은 매년 신작이 나오면 꾸준히 수백만 장씩 팔린다. 또한 '콜 오브 듀티', '헤일로', '배틀필드' 같은 FPS 시리즈(플레이어가 게임 캐릭터의 1인칭 시점에서 총기 등의 무기를 사용해 진행하는 게임 장르)는 사실상 북미 시장을 상징하는 장르로 자리 잡았다. 게임시장의 다른 큰 축인 동아시아 3국과는 매우 큰 차이를 보이는 결과이다. 이는 미국 사회의 스포츠 문화와 총기 소지 문화가 게임 소비에도 반영된 결과라고 보는 견해도 있다.

콘솔이 주류이긴 하지만, PC 게임의 영향력도 결코 무시할 수 없다. 스팀, 에픽게임즈 스토어, 배틀넷 같은 플랫폼은 북미 게이머들에게 다양한 선택지를 제공한다. PC 게이머들은 특히 모드(Mod)(기존 게임의 데이터[요소]를 변형해 만든 2차 창작 컨텐츠)에 익숙하다. 게이머들이 직접 만든 콘텐츠가 원작 게임의 수명을 수년 이상 연장시키며, 이 과정에서 창작자와 이용자 간의 활발한 교류가 이루어진다. 또한 PC는 하드코어 게이머들이 고성능 하드웨어를 통해 최상의 그래픽과 프레임을 추구하는 플랫폼으로 자리 잡았다. e스포츠 종목인 리그 오브 레전드, 카운터 스트라이크, 발로란트 역시 북미에서 큰 인기를 끌고 있으며, 이는 'PC 기반의 게임 문화'가 가진 영향력을 보여준다.

최근 북미 시장에서 가장 두드러진 변화는 구독 서비스의 확산이다. Xbox 게임패스와 플레이스테이션 플러스는 월정액만 내면 수백 개의 게임을 즐길 수 있게 해주며, 신규 대작도 출시 첫날부터 제공하는 경우가 많다. 이 모델은 소비자에게는 합리적 소비를 가능하게 하고, 제작사와 퍼블리셔에게는 인징적인 수익을 보장한다. 전통적으로는 70달러짜리 신작 게임을

캐나다의 1인 개발자가 만든 '발라트로'.
/공식 홈페이지

사야 했던 게이머들이 이제는 15달러 내외의 구독료로 다양한 게임을 경험할 수 있다. 이 변화는 게임 소비문화를 근본적으로 바꾸고 있다. 예컨대 원래는 관심 없던 장르의 게임에 대해서도 구독을 통해 가볍게 시도해 볼 수 있고, 그 과정에서 새로운 팬층이 형성된다. 이는 장르 다양성을 촉진하는 긍정적 효과로 이어지고 있다.

북미 시장은 AAA 대작과 인디 게임이 공존하는 특징을 보인다. 한쪽에서는 수억 달러 제작비를 들인 오픈월드 RPG, 액션 어드벤처가 쏟아지고, 다른 한쪽에서는 소규모 스튜디오가 창의적인 아이디어로 무장한 인디 게임을 선보인다.

예컨대 '엘든 링'이나 '스타필드' 같은 대형 타이틀은 여전히 화제를 독점하지만, 동시에 '셀레스트', '할로우 나이트', '발라트로' 같은 인디 작품도 수많은 팬층을 확보했다. 북미 게이머들은 새로운 경험에 대한 수용성이 높은 편이다. 그런 성향을 바탕으로 인디 게임이 주류 시장에서도 중요한 위치를 차지하게 되었다.

앞으로 북미 시장은 구독 모델과 크로스플랫폼이 주도하는 생태계가 될 가능성이 높다. 또한 e스포츠와 스트리밍 플랫폼의 영향력이 더 커질 것이다. 하지만 동시에 AAA 대작의 제작비 증가, 인건비 상승, 산업 구조의 불균형은 장기적으로 해결해야 할 도전 과제로 볼 수 있을 것이다.

5. 유럽 | 디지털 전환과 다채로운 취향의 모자이크

유럽 게임 시장은 약 2,600억 유로 규모로 세계에서 세 번째로 큰 시장이다. 하지만 유럽의 진짜 매력은 규모보다 다양성에 있다. 유럽은 40여 개국이 각기 다른 언어, 문화, 전통을 가지고 있으며, 이는 게임 소비에서도 고스란히 드러난다.

2024년 기준 유럽의 PC·콘솔 게임 판매량 중 90% 이상이 디지털 다운로드를 통해 이루어졌다. 이는 북미보다도 빠른 디지털화 속도다. 매장에서 패키지를 사던 전통적인 방식은 점점 줄어들고 있으며, 유럽 게이머들은 스팀, 플레이스테이션 스토어, Xbox 스토어 같은 온라인 마켓플레이스를 통해 게임을 구매하는 것이 당연한 습관이 되었다. 이 과정에서 세일(sale) 문화가 강하게 자리 잡았다. 여름·겨울 대규모 할인 시즌에는 수많은 게이머들이 '지금은 안 해도 언젠가 할 게임'을 미리 사두는 '백로그(backlog) 소비'가 활발하다. 이는 유럽 게이머들이 합리적 소비를 중시한다는 특징을 보여준다.

유럽 시장은 모바일 44%, 콘솔 38%, PC 15%, 클라우드 4%로 구성된다. 특히 콘솔의 비중이 높은 것은 소니, 닌텐도, 마이크로소프트 같은 글로벌 콘솔 기업들이 유럽에서 강력한 존재감을 갖기 때문이다. 흥미로운 점은 게이머 인구의 성별과 연령이 매우 다양하다는 점이다. 평균 연령은 31세, 여성 비중은 45%에 달한다. 이는 게임이 더 이상 특정 세대나 남성만의 문화가 아니라, 전 사회적으로 확산된 여가 문화의 자질을 지녔음을 의미한다. 실제로 청소년층이 아닌 가족 단위, 중장년층 게이머 비중도 꾸준히 늘고 있다. PEGI(Pan European Game Information)라는 공통 연령 등급 제도가 유럽 전역에 적용되면서, 게임 유통의 투명성과 일관성이 보장된 것도 특징이다.

유럽은 수많은 지역과 문화가 공존하는 만큼 국가별로 뚜렷한 취향 차이

폴란드에서 만든 '위쳐' 시리즈. /제작사 홈페이지

를 보인다. 먼저 유럽 공통으로 가장 인기 있는 스포츠 종목이기도 한 축구는 게임시장에서도 절대 강자다. EA에서 제작하는 FC는 매년 유럽 판매 차트 상위권을 장악하는 터줏대감이다.

독일·북유럽에서는 전략·시뮬레이션 장르가 강세다. '유로 트럭 시뮬레이터', '크루세이더 킹즈' 같은 작품이 탄탄한 팬층을 확보하고 있다. 영국에서는 레이싱 장르가 강세다. '포르자 호라이즌', '그란 투리스모' 같은 게임은 영국 게이머들의 사랑을 받는다. 프랑스는 '어쌔신 크리드'와 같은 대형 프랜차이즈를 보유한 유비소프트(Ubisoft)와 같은 자국 기업의 영향력이 크다.

프랑스 유비소프트의 '어쌔신 크리드'. /공식 홈페이지

유럽은 중·소 개발사들의 실험 정신이 살아 있는 시장이기도 하다. 스웨덴의 파라독스 인터랙티브는 전략 게임 분야에서 독보적인 존재감을 보여준다. 폴란드의 CD 프로젝트 레드는 '위쳐' 시리즈와 '사이버펑크 2077'로 세계적 명성을 얻었다. 핀란드의 슈퍼셀은 '클래시 오브 클랜', '브롤스타즈'로 모바일 게임의 세계화를 이끌었다. 유럽연합(EU) 차원에서 게임 개발 지원 펀딩을 제공하는 것도 중요한 요소다. 이는 독립 개발자와 인디 스튜디오들이 창의적인 시도를 이어갈 수 있는 기반이 된다.

어느 나라 게이머든 비슷하겠지만 유독 유럽 게이머들은 가격 민감도가 높은 편이다. 그래서 대형 퍼블리셔들은 유럽 시장에서 프로모션 전략을 특히 중시한다. 시즌별 세일, 번들 판매, 구독 번들링(묶음 상품)은 이용자들의 구매 결정을 좌우하는 핵심 요소다. 구독 서비스 역시 빠르게 확산되고 있다. Xbox 게임패스는 유럽 주요 국가에서 강력한 성장세를 보이고 있으며, 플레이스테이션 플러스도 충성도 높은 유저층을 확보하고 있다.

앞으로 유럽 시장은 모바일과 콘솔의 균형을 유지하면서, 디지털 전환이 더욱 심화될 것이다. 또한 중소 개발사의 창의성과 대형 퍼블리셔의 글로벌 전략이 공존하는 구조가 유지될 것이다. 유럽 게이머들의 취향 다양성은 글로벌 시장에 새로운 기회를 제공할 수 있으며, 각 지역적 특성이 반영된 게임들은 앞으로도 꾸준히 세계 무대에 등장할 것이다.

제 6 장

게임의 현재와 미래

1. 게임, 안정된 답습과 새로운 도전

오로지 한 가지 일만 하면서 평생을 산다면 어떨까. 익숙하고 단일한 일이라 편해 보일 수도 있겠으나, 그 단조로움과 무변화로 권태에 빠질 수도 있다. 쉬고 노는 것도 한 가지로만 반복하면 이내 질려버리는 것이 사람의 습성이다. 그러기에 우리는 살아가면서 항상 새로운 것을 추구하고 때로는 변화의 리듬을 추구한다.

게임도 마찬가지다. 우리가 현재 다양한 게임을 즐기고 있지만, 언제까지고 같은 게임을 길게 붙잡고 있는 데는 한계가 있다. 게임 하나를 기가 막히게 잘 만들었다고 해서 그것 하나만 가지고 언제까지고 수익을 낼 수 있는 개발자나 회사는 존재하지 않는다. 출시(launching)한 지 해 수로 두 자리가 넘어가는 극히 소수의 온라인 게임도 물론 있기는 있다.

그러나 장기 호황을 누리는 소수의 온라인 게임도 내부 사정은 만만치 않다. 온라인은 지속적인 컨텐츠 개발과 서버 비용 등으로 추가적인 유지보수비용이 계속 발생하기 때문이다. 아무리 큰 성공을 거둔다 해도 연차가 쌓일수록 신규 이용자의 숫자는 줄어들고 기존 사용자 역시 유지되는 것이 아니라 줄어들기 때문에 언젠가 끝은 도래한다고 봐야 할 것이다.

사업하는 사람들이 자주 입에 담는 말이 있다. 가장 재미있기도 하지만 동시에 가장 어렵기도 한 것이 사업 아이템을 선정하는 것이라고 한다. 게임도 마찬가지이다. 게임 산업은 오랜 시간 동안 발전해 왔으며, 수많은 명작과 신작들이 게이머들에게 즐거움을 선사해 왔다. 그러나 새로운 게임이 출시될 때마다 개발자들은 선택의 기로에 서게 된다. 현재 팔리고 있는 게임에서 벌어들이는 돈으로 차기작이란 이름의 다음 사업 아이템을 내놓지 못한다면 미래는 없는 것이나 마찬가지이다.

혹자는 이렇게 반문할지 모르겠다. 게임 회사는 게임이 사업 아이템이 아닌가요? 그러나 실제로는 그렇지도 않다. '게임'이라는 단어 하나에 무수히 많은 하위 카테고리가 존재하기 때문이다. 이 게임을 이용하는 대상 타겟 계층을 어떻게 잡을지, 다른 경쟁 게임에 비견해서 무엇을 비교 우위 대상으로 놓을 것인지, 플랫폼은 어떻게 정할 것인지, 개발 기간이나 예산은 어느 정도 투자할 수 있는지, 비즈니스 모델은 어떻게 정할 것인지 등등 고려해야 할 요소가 수도 없기 때문이다. 그렇긴 하지만 기본적으로 크게 두 가지 기준은 잡을 수 있다. 기존에 발매했고 평이 좋은 작품을 답습해 나갈 것인가, 아니면 새로운 완전히 새로운 신작을 내놓을 것인가 하는 점이다.

먼저 기존 우수 작품의 답습 전략을 택하는 경우를 생각해 보자. 개발 사업자의 입지에서 보면, 이는 이미 검증된 성공 공식을 따르는 방식이다. 영화나 드라마 등이 크게 성공하면 예정에 없던 2편, 3편의 속편이 나오는 것과 패턴은 비슷하다고 할 수 있다. 기존에 성공한 게임의 구조, 게임 플레이, 스토리텔링 방식 등을 유지하면서 필요한 부분을 개선하거나 현대적인 요소를 가미하는 방식으로 개발하는 것을 의미한다. 이는 기존 팬층을 유지하고 안정적인 수익을 확보하는 데 유리한 전략이다.

구작(舊作)을 답습하는 데에는 여러 가지 이유가 있다. 게임 개발에는 상당한 비용과 시간이 소요된다. 발매 이후의 실패를 최소화하기 위해 이미 검증된 적이 있는 성공한 방식을 반복해서 택하는 것이 안정적이기 때문이다. 제작 기간과 제작 비용이 상당히 많이 드는 AAA 게임은 영화에 비견한다면 블록버스터 영화에 해당한다고 할 수 있는데, 이 경우에는 시장에서의 리스크를 줄이기 위해 기존에 성공한 게임을 기반으로 새로운 게임을 개발하는 경향이 두드러진다.

또한 구작을 답습하는 전략이 성공하였다는 것은 이 게임에 매료된 사용자들이 많이 있다는 것을 의미한다. 많은 게이머들은 자신이 좋아하는 시리

북미 게이머들이 즐기는 '콜 오브 듀티'. /공식 홈페이지

즈가 지속되기를 원하며, 익숙한 게임 플레이를 기대하는데, 이들 게임 향유층을 중시한다는 관점에서 구작 답습 전략은 팬들의 기대를 충족시킬 수 있다.

여기에 해당하는 대표적인 사례로 북미 시장에서 가장 많은 이용자가 플레이하는 게임 중 하나인 '콜 오브 듀티' 시리즈를 들 수 있다. 이 게임은 총을 쏘는 FPS 장르의 대표적인 게임으로, 기존 작품의 게임 플레이 방식을 유지하면서 그래픽과 스토리 흐름을 개선해 왔다. 이렇게 함으로써 이 시리즈 자체는 오랫동안 유지될 수 있있다. 전 세계적으로 유명한 포켓몬 시리즈는 게임 플레이의 기본 구조를 유지하면서 점진적으로 새로운 캐릭터 성장방법이나 특정지역에서만 변화가 생기는 등의 신규요소를 추가하는 방식으로 성공을 이어가고 있다.

다만 한 가지 알아두어야 할 것은 구작을 답습하는 방식이 항상 좋은 결과를 가져오는 것은 아니라는 점이다. 이렇게 해서 해당 게임 시리즈가 이어지면 이어질수록, 기존 게임의 의존 양태 또한 계속 그대로 이어질 수밖에 없다. 결국 혁신성이 떨어지게 되어 창의성이 부족해질 수 있다. 어쩔 수 없이 소비자들은 이런 게임 시리즈에 조금씩 매력을 잃게 될 것이다.

그런 사례는 실제로 일어나고 있다. 과거와 비교해서 게임을 개발하는 비용이 점점 늘어남에 따라, 최근 게임 시장에서는 구작의 리메이크나 리마스터가 증가하면서, 항상 보던 게임이 그래픽과 사양만 좋아진 채로 계속 발매된다는 비판이 이어지고 있다. 또한 유사한 게임이 너무 많아지면 차별화가 어려워지고, 신생 게임들과의 경쟁에서 밀려날 수 있다.

결국 혁신과 변화의 필요성이라는 측면에서 구작을 답습한다는 것은 한계점을 드러내는 것이다. 그러면 새로운 도전은 어떨까. 새로운 도전이란 기존의 방식에서 벗어나 독창적인 게임 플레이, 서사, 기술적 요소 등을 도입하여 차별화를 꾀하는 것을 의미한다. 이는 게임 시장에서 새로운 패러다임을 만들고, 기존의 한계를 돌파할 기회를 제공한다.

연령대에 상관없이 큰 인기를 끄는 '마인크래프트'. /공식 홈페이지

기술이 계속 발전하면서 게임 시장의 변화가 생겼다. 새로운 기술(예: VR, AI, 클라우드 게임)이 등장하면서 기존의 방식만으로는 경쟁력을 유지하기 어렵다. 또한 현대 사회는 정보와 기술이 넘쳐나듯이 해볼 만한 게임도 넘쳐나고 있다. 게임의 만족도를 재는 사용자들의 기준점은 점점 더 높아지고 있다. 현대 게이머들은 점점 더 다양한 경험을 원하며, 기존 게임과 차별화된 게임을 찾고 있다.

게임 개발자들의 입지에서 보면 창작의 자유 역시 결코 무시할 수는 없

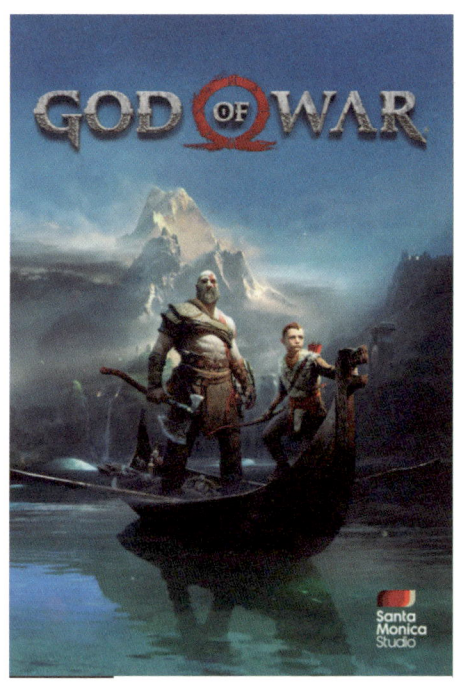

'갓 오브 워'. /공식 홈페이지

다. 개발자들은 자신만의 독창적인 아이디어를 실현하고자 하며, 새로운 게임 디자인을 시도하려는 욕구가 있다. 게임 개발자라면 누구라도 만들어 보고 싶은 게임이 하나쯤은 가슴에 있다. 바로 그런 심적 동기와 창의적 도전이 게임 산업에서의 개발력 향상과도 이어지게 된다,

새로운 도전을 시도하여 성공한 게임들 역시 많다. 위에 말한 옛 명작 게임들도 시작은 새로운 도전으로 성공한 게임들이다. 전 세계 초등학생들이 제일 많이 플레이한 게임 중 하나인 마인크래프트는 기존의 전통적인 게임 디자인에서 벗어나 샌드 박스형 게임을 도입하였다. 이를 통해 창작과 탐험을 중심으로 한 새로운 게임 경험을 제공하였다. 툭하면 조작하는 캐릭터가 죽어나기로 유명한 다크 소울 시리즈는 기존의 액션 RPG와 차별화된 높은 난이도와 독창적인 세계관으로 새로운 장르(Souls-like)를 개척하였다.

새로운 도전 방식은 성공했을 때는 많은 것을 가져오지만, 그만큼 어려움이 많기도 하다. 일단 실패 가능성이 크다. 새로운 시도를 하다 보면 실패가 누적되어, 시장에서 외면받을 수도 있다. 또한 기존의 틀을 벗어나 새로운 게임을 만들기 위해서는 연구개발 비용이 증가할 수밖에 없다. 그렇지 않아도 게임 개발 자체가 점점 고난도의 과정이 되는 상황이다. 당연히 개발비용과 개발 시간이 늘어난다. 이는 무엇보다도 새로운 작품 개발을 가로막는 장애 요소이다. 한 가지 더 불리한 점도 유념해야 한다. 시리즈의 방향이 급격히 바뀌면 기존 팬들이 실망할 가능성이 있다. 보통 신규 팬들의 유입을 위해 큰 변화를 주려고 할 때, 이러한 일들이 많이 발생한다.

마지막으로 절충적 방식을 생각해 볼 수 있다. 게임 개발에 있어서 구작의 답습과 새로운 도전 중 하나만을 선택하는 것이 아니라, 두 가지를 균형있게 조합하는 것도 하나의 방식이 될 수 있다. 이는 비교적 최근에 등장한 방법이다. 기존의 게임 시스템을 유지하면서도 일부 요소에서 혁신을 시도하는 것으로 양쪽의 장점을 잡아 효율성을 극대화하는 것이다. 가장 대표적인 것이 2018년에 발매된 '갓 오브 워'의 신작이다. 기존 시리즈의 핵심 요소는 유지하면서도, 새로운 전투 시스템과 내러티브 스타일을 도입하여 성공을 거두었다.

게임 개발에서 구작을 답습하는 것은 안정적인 성공을 보장하는 전략이지만, 혁신이 부족할 경우 장기적인 성장에 제약이 있을 수 있다. 반면, 새로운 도전은 게임 시장을 선도할 수 있는 기회를 제공하지만, 높은 리스크를 감수해야 한다. 따라서 가장 중요한 것은 두 가지 접근법을 적절히 조합하여 균형 잡힌 게임을 개발하는 것이다. 앞으로의 게임 산업이 어떻게 발전할지 지켜보며, 개발자들이 창의성과 안정성을 조화롭게 활용할 수 있기를 바란다.

2. 우리 게임, 어디까지 왔나

"나는 우리나라가 세계에서 가장 아름다운 나라가 되기를 원한다. 가장 부강한 나라가 되기를 원하는 것은 아니다. 내가 남의 침략에 가슴이 아팠으니, 내 나라가 남을 침략하는 것을 원치 아니한다. 우리의 부력(富力)은 우리의 생활을 풍족히 할 만하고, 우리의 강력(強力)은 남의 침략을 막을 만하면 족하다. 오직 한없이 가지고 싶은 것은 높은 문화의 힘이다. 문화의 힘은 우리 자신을 행복되게 하고, 나아가서 남에게 행복을 주기 때문이다."

이 말은 자신의 첫 번째 소원은 우리나라의 독립, 두 번째 소원은 우리나라의 독립, 세 번째 소원은 우리나라의 완전한 자주독립이라고 외쳤던 백범 김구 선생의 말이다. 그의 저서 《백범일지》중 '내가 원하는 우리나라'라는 대목에서 만날 수 있다. 돌이켜보면 백범이 고초를 겪었던 일제강점기는 총칼로 타국을 점령하고 수탈하는 식민제국주의가 판칠 때였고 우리 또한 일제의 식민지로 지배받고 있을 때였다.

힘이 모자라서 나라를 빼앗긴 설움이 먼저 밀려올 처지이었을 터인데 강력한 경제력 군사력보다는 한없이 높은 문화의 힘을 추구한다고 적어 놓고 있다. 김구 선생의 세 가지 소원이 언급된 그 명언의 워딩을 절절한 공감으로 받아들이는 사람은 많아도, 문화의 힘을 강조한 위의 내용을 절실한 현실적 필요로 받아들이는 사람은 얼마나 될까. 당장 나라를 지켜낼 군사력이 없고 궁핍과 생활고가 일상으로 지배하던 식민지 조선의 여건에서 그 무엇보다도 문화의 힘을 소망한다는 저 말이 얼마나 사람들의 가슴에 깊이 와닿았을까. 지나친 이상과 관념에 치우친 소리로 여겨지지는 않았을까.

김구 선생의 저 말씀 이후 80여 년이 지난 오늘날에 이르러 '문화력이 뛰어난 우리나라'를 강조하는 위의 구절은 갑자기 인용되는 횟수가 급증하였다. '문화력이 뛰어난 우리나라'라는 주제는, 그렇게 되어야 한다는 당위적인 주제가 아니라, 이미 그렇게 되어 있다는 현실적인 주제가 되었다.

참 놀랍게도 한국발 문화가 시대와 세계를 추동하는 데에 이르렀다. 아이돌 그룹 방탄소년단은 전 세계적으로 활동하며 팬클럽이 형성되었고 로제의 음악 '아파트' 곡은 해외의 음원 차트 상위권을 휩쓸며 2024년 가장 성공한 노래 중 하나가 되었다. 영화 '기생충'은 아카데미 시상식에서 비(非)영어 영화 중에서는 최초로 수상을 하였으며 '오징어 게임 1, 2'는 넷플릭스에서 1위를 차지하며 세계에서 사람들이 가장 많이 시청한 영상 콘텐츠 중 하나가 되었다. 이들이 대중문화의 영역이라면 이른바 고급문화의 영역에서도 한국의 위세(Korean Power)는 세계로부터 주목받을 만하다. 대한민국의 한강 작가는 2024년도 노벨문학상을 수상하였다. 옛날에는 어떻게든 우리나라를 세계에 알리기 위해 온갖 힘을 다 써야 했는데 이제는 세계 각지에서 한국에 대해 호기심을 가지고 먼저 조사해 가며 한국을 알아보고 있다. 김구 선생이 말했던 높은 문화의 힘이 바로 이런 것이 아닐까 싶다.

여기까지 올 수 있었던 것은 다양한 한류 문화 콘텐츠들, 즉 K-Culture와 결부된 K-콘텐츠의 힘이 컸다고도 할 수 있을 것이다. 이른바 K-팝, K-푸드, K-드라마, K-스포츠, K-패션 등이 K-Culture의 구심력과 원심력을 확장해 온 것이다. 그런데 분명히 한국 게임 역시 '지금 여기'에서 생성·작용하는 한국 문화의 한 분야이고, 한국 게임 역시 분명히 K-콘텐츠에 연결되어 있지만, 아직은 잘 부각하지 못하고 있는 것도 사실이다. 과연 한국 게임은 세계 속에서 어떤 위상에 놓여 있을까. 언제쯤 한국 게임도 세계 속에서 K-Game의 이름으로 세계인의 환호를 받을 수 있는 것일까.

저자가 일찍이 게임의 문화적 파급력에서도 언급한 바 있듯이 수출의 차원에서 게임은 K팝이나 K드라마 등에 비해서 압도적인 매출을 기록하였다. 한국콘텐츠진흥원에서 진행한 2023년 상반기 조사에 따르면 한국 콘텐

2024년에만 10억 달러 이상의 해외 매출을 올린 '던파 모바일'. /공식 홈페이지

츠의 수출 실적 약 54억 달러 중 64%가 게임에서 나왔으며, 이는 K팝의 9배, K드라마의 11배의 달하는 수치다. 양적 수치만으로 언급되는 매출이기는 하지만(그래서 게임의 문화적 자질은 잘 안 드러나지만), 수출에서 이 정도로 팔려나가는 것은 세계 시장에서 한국 게임이 그 나름의 경쟁력을 갖추고 있음을 시사하는 바이기도 하다. 한국 게임은 짧은 역사 속에서도 괄목할 만한 성장을 이루며 세계 게임 시장에서 중요한 위치를 차지하고 있다.

한국 게임의 특징과 경쟁력에 관하여 논해보자. 한국 게임은 높은 기술력과 독창적인 콘텐츠로 세계 시장에서 한 자리를 차지하고 있다. 이는 한국 게임의 세계성 징후를 예측해 볼 수 있게 한다. 특히 2010년대부터 시작된 모바일 게임 분야에서의 성장세가 눈에 띈다. 스마트폰 보급이 전 세계

세계에서 가장 많이 플레이되는 국산 게임 '배틀그라운드'. /공식 홈페이지

적으로 확대되면서 모바일 게임 시장은 폭발적인 성장을 이루었고, 한국은 이 분야에서 두각을 나타냈다. 예를 들어 '배틀그라운드(PUBG)'와 '던전 앤 파이터 모바일 (D&F Mobile)'은 글로벌시장에서 큰 성공을 거두었다.

또한 한국 게임은 다양한 문화적 요소를 활용한 변화감 있는 스토리텔링과 강렬한 그래픽 디자인으로 유저들의 흥미를 끌고 있다. 이러한 창의력은 K-콘텐츠로서의 게임의 가치를 높이고, 한류의 일부로 자리잡게 했다. MMORPG인 '로스트 아크(Lost Ark)'나 모바일 게임인 니케(Nikke) 같은 게임은 높은 수준의 그래픽과 몰입감 있는 세계관으로 많은 해외 유저들에

2024년 'LoL 월드 챔피언십'에서 우승한 SK T1. /SK텔레콤

게 사랑받고 있다.

한국 게임은 내수시장에 만족하지 않고 꾸준히 글로벌 진출을 시도하였다. 이러한 성향은 2000년대 초반부터 하나의 트렌드를 나타내면서 이루어졌지만, 최근 보다 전략적이고 체계적인 접근이 이루어지고 있다. 주요 게임 개발사들은 현지화(Localization)에 큰 노력을 기울이고 있다. 단순히 언어 번역을 넘어 현지 문화와 정서를 반영한 콘텐츠를 제공하려는 데로 나아가려 한다.

예를 들어 넥슨은 북미와 유럽 시장을 겨냥한 다양한 게임을 출시하며 글로벌 네트워크를 강화했다. 또한 중국과 일본, 동남아 시장에서도 한국 게임은 높은 점유율을 보이고 있다. 특히 중국 시장에서는 MMORPG와 모바일 게임이 큰 인기를 끌고 있다.

e스포츠는 한국 게임을 대표하는 또 다른 강점이다. 한국은 e스포츠의 선두 주자로, '리그 오브 레전드(League of Legends)', '오버워치(Overwatch)', '스타크래프트' 등 여러 게임에서 세계적인 선수들을 배출했다. 서울은 세계적인 e스포츠 허브로 자리 잡았으며, 이는 한국 게임 문화의 국제적 위상을 높이는 데 기여했다. 이러한 성공 뒤에는 정부와 민간 기업의 적극적인 e스포츠 산업 지원이 있었다. 예를 들어 2022년 항저우 아시안게임에서는 e스포츠가 정식 종목으로 채택되었고, 한국 선수들은 여러 종목에서 메달을 획득하며 e스포츠 강국임을 입증했다.

그럼에도 불구하고 한국 게임이 아직까지 부족한 느낌을 주는 이유는 뭘까. 첫 번째는 글로벌 차원에서 대표적인 수상작이 없다는 것이다. '기생충'이나 '오징어 게임' 같이 세계 무대에서 상을 받은 것이 없다는 것이다. 게임에는 GOTY(Game Of This Year) 즉, '올해의 게임상'이라는 작품상 개념의 제도가 있는데, 아직 여기에 한국의 게임이 물망에 오른 적은 없다. 일정한 레벨의 준수한 게임은 여러 가지가 있지만, 독보적인 위상을 점하는 대표적인 게임, 그 하나가 아직 탄생하지 않았기에 세계 속에서 한국 게임이 주는 임팩트가 약해 보일 수 있다. 물론 GOTY라는 저 상이 무조건적으로 게임의 작품성이나 흥행을 보장해 주는 것은 아니지만, 이 상에서 국산 게임의 이름이 언급조차 되지 않는다는 것은 생각해 볼 여지가 있다.

두 번째는 게임 시장이 한쪽으로 쏠려있다는 점이다. 소설이나 영화도 다양한 분야에서 좋은 작품들이 나와줘야 건강한 생태계가 조성되듯이 게임도 다양한 시장에서 다양한 작품이 나와줘야 한다. 하지만 한국 게임들은 아직까지 모바일, 온라인 게임 쪽에 편향되어 있다는 인식을 지울 수가 없다. 게임 장르가 몇몇 영역에 치우쳐 있다는 점 역시 한국 게임의 세계성을 추구하는 데에 약점으로 지적될 수 있다.

세 번째는 한국 게임이 여러 가지 도전에 직면해 있으면서도 적절한 미래적 대안을 찾아내는 데에 미흡하다는 점이다. 과도한 게임 시간과 과몰입 문제로 인하여 사회 문제로 대두된 지는 이미 오래되었다. 점진적 개선과 개별화된 솔루션이 꾸준히 나와야 한다. 이 문제와 상호성을 가지면서 한국 게임도 함께 발전하는 것이다. 기술적 도전은 날로 심해 간다. 글로벌 시장에서 경쟁이 치열해지면서 지속적인 혁신과 기술 개발이 한국 게임의 맹성을 촉구한다. 과거에 미국 게임이나 일본 게임이 그랬듯이 요즘은 중국 게임이 퀄리티와 게임성을 앞세워 깊숙이 침투해 오고 있다.

한국 게임이 짧은 시간 안에 세계적인 성공을 거두며 독특한 위치를 확보했듯이 위의 문제들도 언젠가는 넘어설 수 있다고 본다. 앞으로도 도전을 극복하고 새로운 기회를 포착함으로써 한국 게임 산업은 더욱 발전할 것이라 기대한다. 세계성을 발휘한다는 데에는 두 가지 노력 숨어 있다. 경쟁에서 이긴다는 점, 그리고 글로벌 내의 여러 로칼리즘(Localism)을 이해하고 포용한다는 점, 이 두 가지이다. 대한민국에서 노벨문학상 수상자를 배출하였듯이 언젠가는 한국 게임에서도 GOTY 수상작을 배출해 낼 수 있을 것이라 기대해 본다.

3. 게임의 수익모델

한 해를 마무리하는 시기에는 여러 가지 이벤트들이 있다. 그중에는 그해를 정리하는 여러 가지 선정 행사나 시상 등이 있는데, '올해의 유행어'라는 것이 있다. 유행어란 신조어의 일정으로 특정의 어느 시기에 사람들 사이에서 많이 쓰이는 말을 의미한다. 한해에 어떤 말이 가장 기발한 느낌을 주면서 유행했는지를 통하여 그해의 이슈를 돌아볼 수 있기도 하다. 보통 올해의 유행어라 하면 사회 전반을 아우르는 유행어를 뜻하지만, 각 분야에서의 올해의 유행어도 존재한다. 그리고 그것은 게임계에서도 예외적인 일이 아니다.

2022년 여름의 일이다. 지금도 세계에서 가장 매출을 잘 올리는 게임 중 하나이고, 당시에도 상반기 매출만 3조 원을 넘기던 중국 게임 '원신(原神, Genshin Impact)'의 여름 축제가 한국에서 열렸다. 많은 사용자가 즐기는 게임의 오프라인 이벤트인 만큼 입장객의 행렬이 길게 늘어선 사진이 올라왔다. 직장인 익명 커뮤니티에서 이 사진을 놓고 자신도 '유저(user)들에게 열성적으로 지지를 받는 게임'을 만들고 싶다는 글이 올라왔다. 이 글에 국내 한 대형게임사의 직장인이 댓글을 달았다. 내용은 '돈이 될까'였다.

게임을 개발한다는 사람이 게임성과 트렌드 등 사용자 시장의 선호도는 일절 염두에 두지도 않고, 자본에만 집착하는 모습을 보여 당시에 많은 비판을 받았다. 나중에는 이를 다루는 신문 기사까지 나오며 "돈이 될까"는 '2022년 게임계의 유행어' 후보에 오르기도 하였다. 2년이 지난 지금, 그 게임회사는 내놓는 게임이 연달아 실패하고 마침내 게임사가 적자로 전환되면서 '돈이 될까'는 지금도 주홍글씨로 박혀 조롱의 의미로 간간이 쓰이고 있다.

게임사 운영도 적자를 볼 수는 없다. 경영적인 관점에서 본다면 '돈이 될까'는 충분히 고려할 만한 관점이기는 하다. 먼 옛날까지 거슬러 올라가지 않고 저자의 어린 시절만 살펴봐도 놀이가 수익을 내야 한다는 인식은 낯설었다. 게임기 보급 이전 밖에서 하던 많은 놀이, 예를 들면 땅따먹기나 딱지치기 같은 것들은 공급자와 이용자가 크게 다르지 않았다. 놀고 싶은 사람들이 스스로 도구를 만들거나 무대를 만들어 놀 수 있었다.

하지만 게임을 만드는 것은 그렇지 않다. 아주 간단한 게임을 만드는, 그것조차 게임 디자인과 프로그래밍 실력이 요구된다. 돈이 들고, 돈이 든 만큼 그 이상으로 돈을 벌어야 한다. 하물며 고품질의 그래픽, 웅장한 음악, 수많은 데이터가 요구되어, 수십 명 이상이 오랜 기간 달라붙어야 만들어지는 오늘날의 게임은 더 논할 것도 없다.

옛날에는 열정페이로 대표되던 게임개발자들의 연봉은 오늘날 결코 적은 수준이 아니며, 온라인 게임의 경우는 추가콘텐츠 개발, 운영, 서버 유지 등에 큰 비용이 지속해서 나가게 된다. 게임이 잘 팔려서 이러한 비용들을 메꾸고 남는 것이 있어야 게임 회사도 여력을 비축하여 차기작 개발에 투자하여 미래를 내다볼 수 있는 것이다. 그렇다면 게임의 수익모델은 어떻게 진행되는 것일까? 우리는 게임을 사고파는 것은 알고 있지만, 수익을 내는 구조에 대해서는 잘 모른다. 그렇다면 이런 물음에서부터 시작해 보자. 모든 게임이 다 똑같은 형태로 판매가 되는 것일까?

옛날의 온라인이란 개념이 존재하지 않았던 시절의 게임의 비즈니스 모델은 패키지 판매였다. 게임이 도입된 초창기부터 지금도 명맥을 유지하고 있는 가장 전통적인 비즈니스 모델이다. 게임의 모든 콘텐츠를 한 번에 구매하여 소유권을 가지고 온다. 저자가 이 칼럼의 앞 회차에서 자주 언급했던 게임팩(카트리지)이나 게임 디스크 같은 물리적 패키지를 구입하는 것부터 디지털 다운로드로 소유하는 것까지 여기에 포함된다.

옛날 게임 패키지들. /인터넷 커뮤니티

처음부터 끝까지 완성된 게임을 돈을 주고 사는 방식이라 사용자로서는 초기 구매 비용이 부담될 수 있다. 게임사 입장에서도 부담은 있다. 대부분의 수익이 흔히 '오픈빨'이라고 말하는 초기 매출의 비중이 크기 때문에 추가 콘텐츠 판매를 제외하면 추가 수익을 기대하기 어렵다는 단점이 있다. 이를 거꾸로 되짚어 보면 장점의 요소로 볼 수도 있다. 사용자 입장에서는 초기에 비용만 지불하면 추가 비용 지출 없이 하나의 온전한 게임을 즐길 수 있고, 게임사 입장에서는 추가개발비용 없이 초기 판매량으로 수익 예측이 가능하다는 장점이 있다.

2000년대 이후 많이 찾아볼 수 있는 게임 비즈니스 모델은 무료 플레이 모델 (Free-to-Play, F2P)이다. 모바일 게임, 온라인 게임, 그리고 일부 콘

플레이는 무료지만 부분적으로 유료인 게임 '승리의 여신 니케'. /화면 캡처

솔 게임에서 많이 사용되고 있다. 아주 중요한 특징이 두 가지 있다. 하나는 무료로 진입할 수 있으므로 사용자는 게임을 내려받거나 플레이하는 데 비용이 들지 않는다. 또 하나는 부분 유료화로 특정 콘텐츠(스킨, 무기, 캐릭터 등)나 편의 기능을 구매하도록 유도하여, 여기서 수익을 창출해 나가는 특징을 지니고 있다.

이러한 수익모델의 가장 큰 장점은 설치 및 플레이에는 비용이 발생하지 않기 때문에 접근성이나 진입장벽이 낮다는 것이다. 많은 사용자가 부담 없이 접근할 수 있으며 대규모의 사용자를 빠르게 확보할 수 있다. 또한 많은 사용자를 확보할수록 '고래'라 불리는 고액 지출 사용자 역시 확보될 가능성이 크다. 다만 플레이 자체는 계속 무료로 할 수 있으므로, 플레이를 하

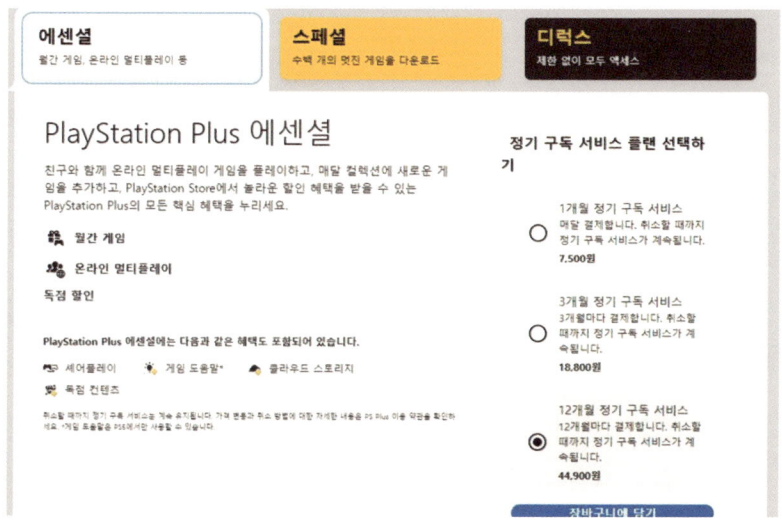

PSN 게임 구독 서비스. /플레이스테이션 홈페이지

는 동안 돈을 사용하고 싶어 하게 만드는 부분, 즉 추가콘텐츠가 지속적으로 제공되어야 한다. 돈을 쓴 사용자와 돈을 안 쓴 사용자의 격차가 생기는 것은 어쩔 수 없지만, 너무 격차가 적으면 돈을 쓴 사용자의 불만이 생기고, 너무 격차가 크면 돈을 안 쓰는 사용자의 불만이 커지므로 적절한 밸런스 조절도 전제되어야 한다. 그 외에는 구독형 모델이나 광고 기반 모델, 배틀패스형 모델도 존재하나 메인 수익모델이 되기는 어려운 측면이 있어, 지면 제한으로 여기서는 이름만 소개하는 정도에서 그치기로 한다.

사실 어느 쪽도 완벽한 수익모델은 없으므로 요즘 다수의 게임은 하이브리드 모델(Hybrid Model)을 채택하는 경우가 많다. 하이브리드 모델이란 위에서 소개한 여러 비즈니스 모델을 혼합하여 사용하는 방식이다. 예를 들어 게임은 무료로 제공하면서 광고와 부분 유료화를 동시에 활용한다거나, 배틀 패스와 구독 모델을 결합하는 식의 형태를 말하는 것이다.

하이브리드 모델은 다양한 요구를 충족시키며 여러 방식으로 수익 창출이 가능하다. 단일 수익모델에 의존하지 않기 때문에 사용자마다 다른 지출 패턴에 대응할 수 있다. 게임 내 시스템이 복잡해지고 게임 운영의 부담이 증가하는 단점이 있지만, 장점이 더 크기 때문에 하이브리드 모델을 채택하는 게임은 점점 늘어나고 있다.

이같이 게임 비즈니스 모델은 사용자의 요구와 시장 변화에 따라 끊임없이 진화하고 있다. 모델마다 고유한 장단점이 있으며, 게임 개발사와 배급사는 가장 효율적으로 큰 매출을 달성하기 위해 수익모델 선정에 고심하고 있다.

가장 중요한 것은 사용자 경험을 해치지 않으면서 지속 가능한 수익을 창출하는 것이다. 오늘날 대부분의 게임들이 하이브리드 모델을 택하는 이유는 유연성과 균형에 있어서 가장 우수하기 때문이다. 앞으로도 기술적 진보와 사용자 피드백이 끊임없이 반영되어 더 좋은 게임 수익모델이 탄생하기를 기대해 본다.

4. 게임은 영원할까

　게임의 시초, 게임의 인류학적 원형이라 할 수 있는 태고적 게임의 양태를 소개하는 것으로 시작하여 지금까지는 게임의 역사적 진화를 비롯하여, 현대 사회에서 우리가 즐기는 게임의 현상적 모습에 대해 이야기 했다. 마지막 파트는 조금 초현실적으로 들릴지 모르는 게임의 무한 변이에 대해 생각해보고자 한다. 어떻게 될지는 누구도 확신할 수 없는 미래의 이야기를 하려고 하기 때문이다.

　'게임은 언제까지 영원히 갈 수 있을까' 라는 생각을 해보기도 하였지만, 사실 세상에 영원한 것은 존재하지 않는다. 그럼에도 '영원성'을 말하는 것은 인간이 살아가는 방식, 인간이 놀이를 즐기는 방식, 그 본질에는 어떤 지속성이랄까 불변성이랄까 하는 것이 있다고 믿기 때문이다. 또 그런 관심은 '인간과 게임'을 연구하는 저자의 탐구적 관심에 늘 중요한 자리를 차지하기 때문이다.

　게임 산업이라는 것이 제대로 등장한 지 반세기도 안 되는 지금에 이르기까지 게임은 무수한 과도기와 변화를 거쳐왔다. 일찍이 언급한 바 있지만, 유희를 즐기기 위한 놀이의 본질은 인간의 존재론적 속성으로, 수천 년 전부터 존재해 왔다. 하지만 게임만큼 이렇게까지 급격한 변화를 겪은 것은 인류가 만들어 낸 것들을 총망라한다고 할지라도 그리 많지는 않을 것이다.

　게임은 인간의 본능적인 놀이 욕구에서 비롯된 가장 발전된 형태의 엔터테인먼트다. 가장 원시적인 형태의 게임은 사냥과 전투 기술을 연습하는 놀이에서 비롯되었으며, 이후 문명이 발달함에 따라 규칙이 있는 놀이로 발전했다. 고대 이집트의 세네트(Senet), 중국의 바둑(Go), 그리고 중세 유럽의 체스(Chess) 등은 오랜 시간 동안 사랑받아 온 게임의 예시다. 원시적인 주사위 놀이에서 시작해 오늘날 가상현실(VR)과 인공지능(AI)을 활용한 인터랙티브 게임(Interactive Game : 이용자의 조작과 선택에 의해 게임의 스토리 전개와 결말 등이 바뀌는 게임 장르)까지, 게임은 시대와 기술에 따라 진화해 왔다. 그렇다면 미래에도 게임은 계속해서 발전하며 존재할 수 있을까? 아니면 기술적, 사회적 한계로 인해 새로운 형태의 엔터테인먼트로 대체될 운명일까?

　게임의 발전 방향성은 기술의 발전과 그 궤를 항상 같이 해왔다. 그래픽과 물리 엔진의 성능이 발전함에 따라, 현실과 구분이 어려울 정도로 정교한 그래픽을 구현하는 데 이바지하고 있다. 시각적 요소들의 성능 향상은 더욱 실감 나는 게임 환경을 가능하게 만든다. AI 기술의 발전으로 인해 플레이어가 조작하지 않는 캐릭터인 NPC(Non-Player Character)의 행동이 더욱 정교해지고, 플레이어와 캐릭터와의 상호작용은 그 자연스러움이 놀랄 정도로 늘어난다. 가상현실(VR)과 증강현실(AR)의 원용으로 현실과 게임을 융합하는 기술은 하루가 다르게 진화한다. 당연히 게임 사용자들의 몰입감을 극대화한다. 놀라운 기술적 발전이라 할 수 있다.

이렇듯 게임의 기술적 발전 방향성은 점점 더 게임 내적 시공(時空)을 현실과 유사하게 만들어 나가는 데에 초점이 맞춰져 있음을 볼 수 있다. 게임의 미래는 점점 더 현실과의 경계를 허물어 가는 방향으로 나아갈 것이다. 기술적 발전이 이루어진다면 SF 영화에서나 꿈꾸던 형태의 게임이 가능할 수도 있다.

예를 들면 머리에 기계를 뒤집어쓰면 바로 가상현실로 빠져드는 뉴로 링크와 같은 기제가 우리의 일상에 놓이게 된다. '뇌-컴퓨터 인터페이스' 기술이 발전하면 플레이어는 직접 몸을 움직이지 않고도 게임 속 환경을 자유롭게 탐험할 수 있다. 촉각, 온도, 압력 등을 느낄 수 있는 감각 피드백 기술이 발전하면, 게임 내 경험이 더욱 사실적으로 변할 것이다.

기술 측면이 그러하다면 문화적으로는 게임은 어떤 위치에 놓이게 될까. 과거에는 게임이 단순한 오락으로 인식되었지만, 이제는 하나의 문화 산업으로 자리 잡았다. 이미 e스포츠, 스트리밍, 게임 기반의 콘텐츠 창작 등 게임은 새로운 직업과 문화를 형성하고 있다. 긍정적으로 기대되는 것은 게임의 발전이 교육적으로 유효해지는 측면이 있다는 것이다. 예컨대 게임을 활용한 교육 프로그램과 훈련 시뮬레이션이 더욱 발전하여 학생들의 일반 학습과정을 역동적으로 돕게 될 것이다. 현재도 게임은 직업 기술 훈련의 중요한 도구로 자리 잡기 시작하고 있다.

미래에는 게임과 경제 사이의 선순환 관계도 점쳐지고 있다. 즉 현실과 유사하게 된 게임과 현실 경제의 융합이 생겨날 수 있기 때문이다. 예상컨대 이런 것이다. 현실과 가상 공간에서 동일한 경제 활동이 가능하도록 발전할 수 있다는 것이다. 이는 물론 새로운 직업군을 창출하는 방향으로 나아갈 수 있다. 블록체인과 NFT(Non-fungible token : 블록체인 기술을 이용한 가상의 토큰으로 일종의 가상 진품 증명서의 역할이 가능)를 활용한 게임 경제는 이미 논의가 되는 모델이기도 하다. 플레이어가 게임 내에서 얻은 아이템을 실제로 소유하고, 이를 자유롭게 거래할 수 있는 경제시스템의 등장 역시 충분한 가능성을 내포한 시나리오라고 생각할 수 있을 것이다.

다만 게임이 이렇게 장밋빛 미래만 기다리고 있는 것만은 아니다. 게임이 현재까지 지속해서 발전해 왔다고 해서 그것이 반드시 '영원할 것'이라고 단정할 수 있을지는 여전히 의문이다. 게임의 지속 가능성에 대한 의문을 해소하기 위해서는 다음과 같은 요인들을 넘어서야만 한다.

먼저 기술적 한계의 극복이다. 게임이 오늘날 현대사회에서의 놀이를 대표하게 된 것은 현실과 비슷한 몰입감을 제공하는 기술적 요인이 가장 크다고 볼 수 있다. 기술에 크게 의존하기 때문에, 미래에 새로운 기술이나 문화가 등장하면 게임의 형태가 급격하게 바뀌거나 사라질 수도 있다. 기술이 발전하면서 점점 더 몰입감 있는 게임이 나오겠지만, 인프라와 하드웨어 비용 등의 문제를 해결하지 않으면 누구나 쉽게 접근하기 어려울 수 있다. 멀리 갈 것도 없이 가상현실 게임의 경우 비싼 기기비용과 부족한 콘텐츠, 그리고 멀미감, 피로감 등의 생체적인 문제점들로 인하여 아직도 크게 시장성을 확보하지 못하고 있다.

사회적 변화 역시 고려해야 할 사항이다. 현재는 게임이 엔터테인먼트의 주류지만, 미래에는 더욱 진화된 몰입형 미디어나 새로운 형태의 가상 경험이 등장할 가능성이 있다. 과거에는 TV가 대중문화의 중심이었지만, 스마트폰과 인터넷이 등장하면서 소비 방식이 급격히 바뀐 것이 그 예시이다. 마찬가지로 미래에는 게임보다 더 몰입할 수 있는 새로운 형태의 오락 가치가 등장할 가능성이 있다. 게임이 이에 적응하고 변화하지 않는다면 현재의 형태로 지속될 수 없을지도 모른다. 아니면 새로운 형태의 오락에 게임이 융합되는 모양이 나올 수도 있다.

게임으로 인한 사회적 문제 해결도 필요하다. 게임의 지속적인 소비는 게이머들에게 피로감을 줄 수 있으며, 특히 게임 중독 문제는 사회적으로 부정적인 인식을 불러일으킬 수 있다. 게임 산업이 지속되기 위해서는 중독, 도박성 요소, 게임 내 폭력성 등의 문제를 해결해야 한다. 또한 게임이 단순한 오락을 넘어 교육, 소통, 사회적 기여 등 더 넓은 가치를 가질 수 있도록 발전해야 한다.

게임은 인간이 상상력을 펼칠 수 있는 가장 강력한 도구 중 하나이며, 기술과 문화가 함께 발전하는 한 영원히 존재할 가능성이 크다. 다만 게임이 '현재의 형태'로 영원할지는 불확실하다. 게임이 영원할 수 있으려면 기술적 발전과 함께 윤리적 문제 해결, 새로운 트렌드 수용 등 다양한 과제가 남아 있다. '놀이'와 '경쟁', 그리고 '스토리텔링' 등과 같은 본질적인 요소는 인간의 본능(또는 인간의 생존 방식)과 깊이 연결되어 있어서, 게임은 형태를 바꿔가며 계속해서 존재할 가능성이 크다. 미래의 게임은 단순한 오락이 아니라, 하나의 '삶의 공간'이 될 가능성이 크며, 우리는 그 속에서 새로운 사회를 경험하고, 학습하며, 소통할 것이다.

당연한 이야기지만 게임의 '바람직한' 진화는 게임의 지속성을 담보한다. 현재의 게임이 갖는 오락적 가치는 그것대로 의미가 있지만, 그것 외에도 게임으로부터 확충되는 다양한 가치들이 개발되어야 할 것이다. 그런 점에서 게임 또한 생태적 적응과 변화를 꾸준히 도모해야 할 것이다. 그러기 위해서 게임은 자신의 바깥 영역에 있는 다른 인간 삶의 생태들과 건강한 상호작용을 해야 한다. 이를테면, 교육 생태, 가정 생태, 인간 공동체 생태, 사회 문화적 생태, 노동 생태, 인문 가치에 따른 행복 생태, 인간의 소통 생태 등과 바람직한 조화를 이루면서 발전해야 할 것이다. 융합 가치가 강조되는 미래 사회는 게임의 단독 진화를 허용하지 않을 것이다.

추천사

디지털 경제 시대의 중심에 선 게임

최정일 한국경영학회 차기(2026년) 회장

《인간의 게임 게임의 인간》은 오늘날 우리의 일상 전반에 깊숙이 자리한 게임과 게임 현상을 상위 인지(metacognition)의 시각에서 통찰할 수 있도록 이끄는 책입니다. 게임의 총체적 기능과 작용, 그리고 그 의미와 가치를 현재와 미래의 시공 속에서 성찰하게 하며, 독자에게 깊은 사유의 기회를 제공합니다.

저자는 일찍이 공학도로서의 탄탄한 기반 위에 IT, 정책, 경영학을 융합적으로 연구해 온 학제적 연구자로, 게임의 본질과 심리적·사회적 함의를 섬세하게 조망합니다. 아울러 게임에 대한 풍부한 체험적 이해를 바탕으로, 디지털 생태계 속에서 게임이 기술적·문화적으로 얼마나 급속히 진화해 왔는지를 명확히 보여줍니다.

《인간의 게임 게임의 인간》은 게임이 단순한 여가 수단을 넘어 현대 사회의 다양한 영역에 미치는 중대한 영향을 설득력 있게 분석합니다. 특히 디지털 경제 시대에 기업이 직면한 핵심 과제로 '변화하는 인간'에 대한 이해를 제시하며, 인간의 욕구와 감정, 행동 양식이 새로운 경로로 작동하고 있음을 강조합니다. 그리고 그 중심에 바로 '게임'이 존재함을 강조합니다.

이 책은 게임을 소비자 행동 분석의 실험실, 혁신적 조직 운영의 플랫폼, 시장 전략의 원천으로 해석합니다. '규칙 기반의 자율성', '점진적 보상 시스템', '몰입 유도형 인터페이스 설계'와 같은 게임의 구조적 요소들은 소비자 심리, 브랜딩, 서비스 경영 등 경영학의 다양한 분야에 응용될 수 있는 통찰을 제공합니다. 특히 고객 충성도를 단순한 포인트나 할인 쿠폰이 아니라, 게임처럼 '참여', '성장', '사회적 가치의 공유'를 통해 구축해야 한다는 시각은 소비자 경험 관리(CXM)의 새로운 방향을 제시합니다.

또한 이 책은 조직 내부의 혁신 측면에서도 게임이 기여할 수 있는 가능성을 탐색합니다. 기업 교육, 리더십 개발, 조직문화 개선 등에서 게임 기반 시뮬레이션은 학습자 중심의 몰입을 유도하고, 자발적 변화를 촉진하는 효과적인 도구로 작동함을 보여줍니다. 빠르게 변화하는 환경에서 게임적 사고(Gamified Thinking)는 유연하고 참여적인 조직문화를 만들어 가는 데 유의미한 전략이 될 수 있음을 역설합니다.

더 나아가 ESG, 디지털 전환, 플랫폼 전략 등 최근 경영학계의 주요 화두들과 게임 현상을 연결하는 통찰 또한 탁월합니다. 게임 플랫폼은 가상 경제, 이용자 간 상호작용, 커뮤니티 기반 가치 창출 등 현대 경영의 핵심 키워드를 압축적으로 담고 있으며, 이 책은 게임 산업의 플랫폼 비즈니스 모델을 날카롭게 분석합니다.

무엇보다 《인간의 게임 게임의 인간》은 기술과 시스템, 데이터를 다루는 경영자에게도 '인간 중심의 전략 사고'가 얼마나 중요한지를 일깨워 줍니다.

이 책은 게임이라는 렌즈를 통해 인간을 깊이 이해하고, 인간의 언어로 경영을 재해석하는 소중한 작업이라 할 수 있습니다.

　이 책은 게임 산업 종사자뿐 아니라 마케팅, HR, 조직행동, 전략, 혁신 등 다양한 분야의 실무자들에게도 실질적인 통찰을 제공합니다. 변화하는 고객, 직원, 사회를 이해하고 유연하게 대응하고자 하는 모든 경영자에게 강력히 추천하는 바입니다. 《인간의 게임 게임의 인간》은 단순한 콘텐츠 분석서를 넘어, 인간과 비즈니스를 역동적으로 사유하게 만드는 정교한 전략서로 변화와 혁신을 고민하는 이들에게 추천하고 싶습니다.

추천사

미디어 이론으로 분석한 게임의 의미

김동호 숭실대학교 글로벌미디어학부 교수

    디지털 시대에 접어들며 게임은 단순한 여가 활동이나 오락 콘텐츠로만 정의되기엔 너무나 복합적이고도 강력한 미디어가 되었습니다. '게임'은 이제 하나의 총체적 커뮤니케이션 공간이자 인간의 정체성, 감정, 관계, 나아가 사회 구조와 가치관까지 담아내는 새로운 형식의 서사이며 체험입니다. 동시에 게임과 게임 현상은 인류의 놀이문화에 상상을 초월하는 변화를 몰아오고 있습니다.

    최근 청소년 게임 사용 시간의 제한, 게임의 중독성 질병 코드 부여 논의 등이 법적·사회적 이슈로 커지는 것은 그만큼 게임이 사람에게 본질적으로 미치는 영향이 크다는 것을 나타내는데, 이런 이슈를 청소년 보호냐, 게임산업의 육성이냐 사이의 이분법적 논의 안에서만 가두고 있는 것이 현실입니다.

    이런 변화의 소용돌이에서 《인간의 게임 게임의 인간》은 놀이를 향하는 인간의 인식과 가치를 새롭게 볼 것(reset)을 요청합니다. 적어도 이 책의 저자는 그런 자세로 이 책을 기획한 것으로 보입니다. 저자는 게임의 본질적 의미(인류학적 의미)를 포착하여 독자에게 전달하려고 애를 씁니다. 그리고 그 안에서 인간이라는 존재를 심층적으로 탐색하는 흥미롭고도 유익한 시도를 담고 있습니다.

저자의 이러한 시도는 게임에 대한 부정적 편견만으로는 미래의 인간 생활 생태로 나아갈 수 없음을 예언하는 것 같기도 합니다. 또 게임의 미래를 생각지 않는 부모는 자녀의 미래를 준비하지 않는 부모가 될 수도 있겠다는 생각이 들게도 합니다. 그런 점에서 이 책은 일상에서 게임하는 문제로 자녀들과 갈등을 겪고 있는 부모들에게 새로운 시야의 솔루션을 시사해 줄 수 있다고 봅니다.

게임 또는 게임하는 아이를 보다 유연하고 개방적으로 이해하는 심리적 단서와 문화적 접근을 가능하게 하리라 보기 때문입니다. 교육학적으로 보면 게임과 관련하여 자녀의 발달에 대한 이해를 보다 폭넓게 쌓아갈 수 있으리라 믿습니다.

이 책의 탁월함은 게임을 분석 대상으로 삼되, 그것을 둘러싼 인간과 사회의 구조를 해석하는 방법론에 있습니다. 저자는 게임을 인간 내면의 욕망, 감정, 규범, 그리고 사회적 행위의 실험실로 보며, 그것이 갖는 상징적·문화적 의미를 미디어 이론과 접목하여 분석합니다. 특히 가상 세계 속의 자아 형성, 아바타와의 동일시, 게임 규칙과 윤리의 내면화 등은 인간이 디지털 환경 속에서 어떻게 '존재'하고 '행동'하며 '소속'되는지를 이해하게 만드는 핵심적인 주제입니다.

저자가 분석한 게임 내 몰입 구조는 단지 재미에 국한되지 않습니다. 그

것은 인간의 심리적 필요, 즉 자율성, 유능감, 관계성이라는 자기결정성이론(Self-determination theory)을 기반으로 설계되어 있음을 짚어냅니다. 이는 단지 미디어 이용 행태의 측면만이 아니라, 인간 이해의 본질에 접근하는 시도라 할 수 있습니다. 게임에서의 보상 구조, 퀘스트 수행, 실패 후 재도전이라는 고유한 시스템은 오늘날의 삶의 방식, 교육의 양식, 심지어 사회적 관계의 모델로까지 확장되고 있습니다. 이 책을 통해서 게임의 메커니즘 안에 이런 교육적 자질이 숨어 있음을 발견할 수 있기를 바랍니다.

또한 이 책은 오늘날 MZ세대, 특히 디지털 네이티브들이 게임이라는 플랫폼을 통해 어떻게 자아를 형성하고, 사회를 경험하며, 문화를 소비하는지를 면밀히 추적합니다. 이는 단순한 세대 특성 연구가 아니라, 게임이 현대 사회에서 새로운 문화 문법으로 작동하고 있음을 보여주는 결정적 사례입니다.

특히 메타버스, 게이미피케이션, 스트리밍 문화 등 디지털 기술이 접목된 게임 환경에서의 인간 행동을 구조적으로 조명하는 장들은 미디어콘텐츠학 분야의 연구자와 실무자 모두에게 큰 통찰을 제공합니다. 동시에 이 책을 통해서 테크놀로지가 그냥 수단으로만 사용되는 것을 넘어서서 콘텐츠의 본질에 관여하고 인간 경험의 확장을 만들어 나가는 것임을 알게 되기를 기대합니다. 그렇게 된다면, 과학 기술과 인문학의 융합과 상호작용에 대한 새로운 감수성을 쌓을 수 있을 것입니다.

저자의 시선은 학문적으로도 균형 잡혀 있습니다. 게임에 대한 공학적 내지 기술적 이해와 정책이나 경영 등 현실 사회과학의 이슈들을 잘 호응시키며 다루고 있습니다. 저자는 게임 디자인, 사용자 경험(UX), 내러티브 구조, 그리고 게임 문화의 사회적 담론까지 유기적으로 잘 연결하면서, 복합 미디어로서의 게임을 다각도로 분석합니다. 국내외 다양한 게임과 문화 현상, 미디어 환경의 변화가 풍부한 사례로 제시되어 독자에게 구체성을 느끼게 하고 설득력을 제공합니다.

《인간의 게임 게임의 인간》은 게임을 단순히 이용하는 행위가 아닌, 인간이 새로운 질서를 창조하고 그 안에서 또 다른 사회적 주체로 거듭나는 하나의 경험으로 정의합니다. 이는 미디어콘텐츠 연구자가 지속적으로 추구해 온 '미디어 속 인간 이해'라는 본질적 질문에 응답하는 작업이기도 합니다. 요컨대 이 책은 디지털 문화 시대에 인간학적·미학적·윤리적 고민을 심어주는 의미 있는 텍스트입니다.

콘텐츠와 인간, 기술과 서사, 게임과 사회가 어떻게 얽히는지를 알고 싶은 이들, 특히 학제적 시야로 게임을 다루고자 하는 연구자, 학생, 기획자들에게 이 책은 단순한 참고서를 넘어 사유의 장을 열어주는 매개체가 될 것입니다.

저는 《인간의 게임 게임의 인간》을 미디어콘텐츠 분야의 주요 관점을 제공하는 책으로 추천합니다. 또 디지털 시대의 인간 이해에 기여하는 훌륭한 저작으로 믿으며, 게임하는 자녀를 둔 부모를 위한 교육 텍스트로 필독을 권합니다.

발문

호모 루덴스(Homo Ludens)를 위한 변론

호창수 육군사관학교 국어철학과 교수

《인간의 게임 게임의 인간》을 통해 저자가 독자에게 던져주는 메시지는 간결하다. '게임'은 일종의 '문화'이며, '게임 현상'은 그렇게 특별하거나 이상한 것이 아닌 인류의 보편적인 문화 양상이라는 것이다.

"무엇이 게임(여기에서 말하는 게임은 주로 '디지털 혹은 PC 게임'을 의미)에 대한 공포와 거부감을 만들어 냈을까" 혹은 "지금 시대에 게임 현상을 어떻게 해석할 것이며, 그 의미는 어떻게 변화될 것인가?" 이러한 질문에 답하기 위하여 저자는 게임을 둘러싼 오랜 경계와 찬탄의 시선을 단초로 삼아, 게임이라는 현상을 인류의 유희 본능과 문화사의 거대한 흐름 속에서 조망하는 치밀한 계보학적 탐사를 이어 나간다. 이러한 작업을 읽어 나갈 독자는 결국, 게임이라는 텍스트 속 한편의 이야기가 어떻게 시대를 초월하여 인간의 근원적 불안과 욕망을 담아내게 되는가에 대한 나름의 답을 찾게 된다.

《인간의 게임 게임의 인간》은 우리에게 익숙한 '신선놀음에 도낏자루 썩는다'라는 고사를 현대적 맥락으로 소환하며 그 서두를 연다. 바둑 구경에 빠져 세월의 흐름을 망각한 나무꾼의 이야기는, 오늘날 스마트폰 화면에 몰입한 자녀를 바라보는 부모의 불안감과 놀랍도록 닮아있다. 저자는 게임을 향한 '그거 병이다'와 같은 단편적인 낙인에 맞서, 섣부른 가치 판단을 유보하고 '인류학적 이해'라는 깊이 있는 사유의 길로 독자를 안내한다.

역사 속에서 쉬이 발견되는 게임 현상들, 가령 이집트의 세네트, 중국의 바둑, 인도의 차투랑가에서부터 오늘날의 가상현실(VR) 게임에 이르기까지…. 게임은 인류의 문화적 DNA에 깊이 각인된 유서 깊은 유산일지 모른다. 하위징아(Johan Huizinga)의 그 유명한 관용어인 '호모 루덴스(Homo Ludens, 유희하는 인간)' 개념으로 접근할 때, 인류에게는 늘 문화 이전에 게임이 있었다. 게임이란 단순한 오락을 넘어 언어, 법, 예술과 같은 인간 활동의 출발점에 놓여 있는 보편타당한 원리이자 하나의 현상이다. 저자는 이러한 통찰을 통하여 게임을 둘러싼 소모적인 찬반 논쟁이 아닌, 게임을 인간 존재의 본질적 행위로 이해하는 새로운 패러다임으로 바라볼 것을 촉구한다.

무엇보다 《인간의 게임 게임의 인간》의 백미는 게임이라는 프리즘을 통해 현대 사회의 복잡한 단면을 예리하게 포착하는 데 있다. 한 게임사 직원의 "돈이 될까"라는 무심한 질문이 어떻게 게임 산업 전반에 투영된 딜레마를 드러내는 상징적 사건이 되었는지, 또 '바다 이야기' 사태라는 사회적 트라우마가 어떻게 국가 주도의 경직된 사전 검열 제도로 이어졌는지를 추적하는 대목은 실로 흥미롭다.

특히 21만 명이라는 헌정사상 최다 인원이 참여한 '게임물관리위원회'

관련 헌법소원 심판 청구 사건의 조명은, 게이머들이 더 이상 수동적인 소비자에 머무르지 않고, 표현의 자유라는 보편적 가치를 위해 연대하고 행동하는 문화적 주체이자 시민으로 성장했음을 보여주는 탁월한 사례 분석이기도 하다. 저자의 예리한 조명에는, 게임이 이제는 개인의 여가를 넘어 사회적 담론과 제도가 교차하는 중요한 공론장 혹은 공론화 수단일 수 있음이 드러난다.

더 나아가 이 책의 제목에서 말하듯 게임 현상에 대한 '인류학적 전환'을 시도한다면, '게임 소비자로서 인간(호모 루덴스)'의 심리에는 디지털 시대에 새롭게 재현된 욕망의 작동 방식이 여실하게 드러난다. 게임 내에서의 소비는 단순히 재화를 지불하고 상품을 얻는 합리적 교환 행위에 그치지 않으며, 저자는 여기에 '애정'과 '인정욕구'라는 지극히 인간적인 혹은 문화적인 감정이 깊이 자리하고 있음을 지적한다.

플레이어는 자신의 시간과 노력이 깃든 가상의 데이터에 애착을 느끼고, 커뮤니티 내에서 타인에게 인정받고자 하는 욕구로 인해 때로는 비합리적으로 보이는 소비를 감행하기도 한다. 이미 투자한 시간과 비용이 아까워 쉽게 떠나지 못하는 '매몰 비용의 늪' 역시 이러한 심리와 무관하지 않다. 이는 게임이 단순한 오락 상품을 넘어, 개인의 정체성과 사회적 관계가 투영되는 복합적인 감정의 경제 시스템을 구축하고 있음을 보여주는 날카로운 분석이기도 하다.

또한 게임을 둘러싼 세대 갈등을 보편적인 인류사의 현상으로 확장하여 조망하고자 하는 시선도 주목할 만하다. 저자는 흔히 우스갯소리(밈, meme)로 치부되는 "요즘 젊은이들은…"으로 시작하는 기성세대의 한탄이 고대 그리스의 서사시에서부터 14세기 이탈리아 사제의 기록, 조선왕조실록에 이르기까지 시대를 막론하고 반복되어 온 인류의 오랜 레퍼토리임을 흥미롭게 제시한다.

이 유구한 패턴을 오늘날 게임계에 적용하여, 저자는 세대 간의 차이가 어느 한쪽의 도덕적 해이가 아닌, 새로운 기술에 대한 적응 속도의 차이, 주류로 향유했던 게임 장르의 상이함, 그리고 생애 주기에 따른 가용 시간의 변화에서 비롯된 자연스러운 결과임을 설득력 있게 논증한다. 이러한 통찰은 세대 갈등을 비난과 몰이해의 구도에서 벗어나 상호 이해의 장에서 바라볼 필요가 있다는 것, 즉 게임 공간을 커뮤니케이션 장으로 이해할 필요가 있다는 주장으로 확장되기에 이른다.

물론 이 책은 게임을 사회적 의미에만 국한하려 하지는 않는다. 저자는 게임을 둘러싼 가장 내밀한 갈등의 현장, 즉 가정으로 시선을 돌린다. '게임과 독서'라는 해묵은 대립 구도를 해체하여, 문자와 영상이라는 매체의 본질적 차이를 설명하고, 각기 다른 인지적·정서적 효용이 있음을 인정하는 것이 소통의 출발점이라고 제언한다. 자녀가 하는 게임을 함께 체험하며 공감대를 형성하고, 일방적 통제가 아닌 합의된 규칙을 만들어 가는 과정의 중요성을 역설하는 부분은, 게임 문제뿐만 아니라 모든 부모가 마주한 세대 간 문화 번역의 어려움에 대한 실천적인 해법을 제시하는 것이기도 하다.

게임 현상을 게임의 콘텐츠 속성에만 국한하여 바라보기보다는, 게임 현상을 일으키는 '상상력'의 범주로 확장하여 본다면 이는 인지(Cognition)와 정동(affection)이 융합적으로 실천되는 또 하나의 가능성이 될 수 있다.

결국 《인간의 게임 게임의 인간》은 게임에 관한 책이면서도, 게임 그 너머의 인간과 사회, 그리고 문화의 미래를 이야기하는 인문 교양서라고 할 수 있다. 저자는 영화가 그랬듯, 게임이 상업성과 오락성이라는 편견을 딛고 새로운 예술의 지평을 열 수 있는 잠재력을 지녔다고 평가한다. 그러나 그 미래는 게임의 단독 질주가 아닌, 교육, 가정, 공동체 등 우리 삶의 다른 생태계와 건강하게 상호작용하며 함께 진화하는 '공진화(共進化)'의 길에 달려있다고 말한다.

이 책은 게임에 빠진 자녀가 낯선 이방인처럼 느껴지는 부모님들께, 그리고 자신이 향유하는 문화를 더 깊은 언어로 사유하고픈 이 시대의 모든 '유희하는 인간'들에게 더없이 훌륭한 길잡이가 되어줄 것이다.

인간의 게임
게임의 인간

초판 1쇄 발행 2025년 10월 3일

지은이 박종윤
펴낸이 이낙진
편집 · 디자인 홍성주 · 이지은

펴낸곳 도서출판 소락원
주소 경기도 양평군 강상면 강남로 714-24
전화 010-2142-8776
이메일 sorakwon365@naver.com
홈페이지 www.sorakwon365.com
ISBN 979-11-990488-2-9 03300

이 책은 저작권법에 따라 보호받는 저작물이므로 무단 전재와 복제를 금하며,
이 책 내용의 일부 또는 전부를 재사용하시려면 반드시 저작권자와
도서출판 소락원 양측의 서면 동의를 얻어야 합니다.

• 책값은 뒤표지에 있습니다.
• 파본은 구입하신 서점에서 교환해 드립니다.